Dr. Oetker

Die besten Plätzchen

Dr. Oetker Verlag

Vorwort

Alle Jahre wieder...
bricht in der Küche hektisches Treiben aus. Da werden Schüsseln, Ausstechförmchen und Dosen zusammengetragen und dann geht es los – Plätzchen backen. Jeder hilft mit, beim Kneten, Ausrollen und Ausstechen und natürlich beim Probieren.
In diesem Buch haben wir die schönsten Plätzchen für Sie zusammengetragen. Da ist für jeden Geschmack etwas dabei und auch die Nachbarn freuen sich, wenn sie zum Kaffeetrinken mit selbst gebackenen Plätzchen eingeladen werden.

Fruchtige Plätzchen

Gefüllte Plätzchen

Klassiker

Plätzchen mit Nuss und Mandeln

Plätzchen mit Schokolade und Kokos

Spezialitäten

Weihnachtsblätter

Zubereitungszeit: 45 Minuten, ohne Abkühlzeit
Insgesamt: E: 62 g, F: 180 g, Kh: 345 g, kJ: 14228, kcal: 3399 | **Raffiniert**

Für den Knetteig:
250 g Weizenmehl
1 TL Dr. Oetker Backin
1 Msp. gemahlener Kardamom
1 Msp. gemahlener Zimt
1 Msp. gemahlener Koriander
1 Prise Salz
75 g Zucker
1 Pck. Dr. Oetker Vanillin-Zucker
50 g abgezogene, gemahlene Mandeln
1 Ei (Größe M)
1–2 EL kaltes Wasser
120 g Butter oder Margarine

Für die Füllung:
100 g Orangenmarmelade
20 g brauner Zucker
130 g Marzipan-Rohmasse

Zum Bestäuben:
Puderzucker

1 Für den Teig Mehl mit Backpulver mischen und in eine Rührschüssel sieben. Kardamom, Zimt, Koriander, Salz, Zucker, Vanillin-Zucker, Mandeln, Ei, Wasser und Butter oder Margarine hinzufügen. Die Zutaten mit Handrührgerät mit Knethaken zunächst kurz auf niedrigster, dann auf höchster Stufe gut durcharbeiten.

2 Anschließend auf einer bemehlten Arbeitsfläche zu einem glatten Teig verkneten. Sollte er kleben, ihn in Frischhaltefolie gewickelt eine Zeit lang kalt stellen.

3 Den Teig halbieren. Eine Teighälfte auf einer bemehlten Arbeitsfläche etwa 2 mm dick ausrollen. Mit einem Blattausstecher (5–6 cm) etwa 60 Blätter ausstechen. Teigblätter auf Backbleche (gefettet, mit Backpapier belegt) legen. Restlichen Teig auf die gleiche Weise zubereiten.

4 Die Backbleche nacheinander (bei Heißluft zusammen) in den vorgeheizten Backofen schieben.

Ober-/Unterhitze: etwa 180 °C
Heißluft: etwa 160 °C
Backzeit: 8–10 Minuten je Backblech.

5 Die Blätter mit dem Backpapier von den Backblechen auf Kuchenroste ziehen. Kekse erkalten lassen.

6 Für die Füllung Orangenmarmelade in einem kleinen Topf pürieren, mit Zucker unter Rühren etwa 2 Minuten ohne Deckel kochen lassen. Marzipan-Rohmasse in kleine Stücke schneiden, hinzufügen und zu einer geschmeidigen Masse verrühren, abkühlen lassen.

7 Jeweils 1 Keks mit etwas von der lauwarmen Marzipanmasse bestreichen und mit einem zweiten Keks belegen. Die Kekse erkalten lassen und mit Puderzucker bestäuben.

Aprikosen-Mandel-Kekse

Zubereitungszeit: 40 Minuten, ohne Abkühlzeit
Insgesamt: E: 35 g, F: 135 g, Kh: 375 g, kJ: 11952, kcal: 2854 | **Raffiniert**

Zum Vorbereiten:
100 g getrocknete Aprikosen

Für den Rührteig:
100 g weiches Butterschmalz
120 g Zucker
1 Pck. Dr. Oetker Vanillin-Zucker
1 Ei (Größe M)
120 g Weizenmehl
50 g Speisestärke
1 TL Dr. Oetker Backin

Für den Belag:
etwa 50 g abgezogene, gehobelte Mandeln
100 g Aprikosenkonfitüre
2 EL Wasser

1 Zum Vorbereiten Aprikosen in sehr kleine Würfel schneiden.

2 Für den Teig Butterschmalz mit Handrührgerät mit Rührbesen auf höchster Stufe geschmeidig rühren. Nach und nach Zucker und Vanillin-Zucker unterrühren und so lange rühren, bis eine gebundene Masse entstanden ist. Ei in etwa $^1/_2$ Minute unterrühren.

3 Mehl mit Speisestärke und Backpulver mischen, sieben und in 2 Portionen kurz auf mittlerer Stufe unterrühren. Aprikosenwürfel unterheben.

4 Den Teig mit zwei Teelöffeln in Häufchen auf Backbleche (mit Backpapier belegt) setzen, dabei genügend Abstand zwischen den Teighäufchen lassen. Die Backbleche nacheinander (bei Heißluft zusammen) in den vorgeheizten Backofen schieben.

Ober-/Unterhitze: etwa 200 °C
Heißluft: etwa 180 °C
Backzeit: 10–15 Minuten je Backblech.

5 Die Kekse mit dem Backpapier von den Backblechen auf Kuchenroste ziehen und erkalten lassen.

6 Für den Belag Mandeln auf ein Backblech geben und in dem heißen ausgeschalteten Backofen goldbraun rösten. Mandeln abkühlen lassen.

7 Konfitüre mit 2 Esslöffeln Wasser verrühren, durch ein Sieb in einen Topf streichen oder mit einem Schneidstab pürieren und unter Rühren gut aufkochen lassen. Die Konfitüre mit einem Pinsel auf die Kekse streichen und mit Mandeln bestreuen. Trocknen lassen.

Rote Bäckchen

Zubereitungszeit: 50 Minuten, ohne Ruhezeit
Insgesamt: E: 39 g, F: 94 g, Kh: 248 g, kJ: 8389, kcal: 1999 | **Für Kinder**

Zum Vorbereiten:
100 g Orangeat
etwa 70 g rotes Johannisbeergelee (aus dem Glas)

Für den Biskuitteig:
1 Ei (Größe M)
1 Eigelb (Größe M)
1 EL Zitronensaft
70 g Zucker
1 Pck. Dr. Oetker Vanillin-Zucker
1 Pck. Dr. Oetker Rote Grütze Pudding-Pulver Himbeer-Geschmack
1 Msp. Dr. Oetker Backin
150 g abgezogene, gemahlene Mandeln

etwa 40 runde Backoblaten (Ø 50 mm)

1 Zum Vorbereiten Orangeat sehr fein hacken. Gelee mit einem Schneebesen kräftig durchrühren.

2 Für den Teig Ei, Eigelb und Zitronensaft in einer Rührschüssel mit Handrührgerät mit Rührbesen auf höchster Stufe in 1 Minute schaumig schlagen. Zucker und Vanillin-Zucker mischen, in 1 Minute einstreuen und noch etwa 2 Minuten schlagen. Pudding-Pulver und Backpulver mischen, auf die Eiercreme sieben und kurz auf niedrigster Stufe unterrühren. Mandeln und Orangeat unterheben. Den Teig etwa 10 Minuten ruhen lassen.

3 Jeweils einen Teelöffel des Teiges in die Mitte einer Oblate setzen und je einen Klecks Gelee darauf geben. Die Oblaten auf Backbleche geben. Die Backbleche nacheinander (bei Heißluft zusammen) in den vorgeheizten Backofen schieben.

Ober-/Unterhitze: etwa 160 °C
Heißluft: etwa 140 °C
Backzeit: 10–15 Minuten je Backblech.

4 Das Gebäck von den Backblechen nehmen und auf Kuchenrosten erkalten lassen.

Frucht-Knusperchen

Zubereitungszeit: 50 Minuten, ohne Abkühlzeit
Insgesamt: E: 50 g, F: 165 g, Kh: 401 g, kJ: 14270, kcal: 3409 | **Für Kinder**

Für den Rührteig:
100 g weiche Butter oder Margarine
125 g brauner Zucker (Kandisfarin)
1 Pck. Dr. Oetker Vanillin-Zucker
2 Eier (Größe M)
100 g Weizenmehl
1 TL Dr. Oetker Backin
100 g knusprig gerösteter Weizen (Frühstückscerealien)
50 g fein gewürfelte, getrocknete Aprikosen
50 g Rosinen
50 g Kokosraspel

Zum Verzieren:
100 g Zartbitter-Kuvertüre
30 g knusprig gerösteter Weizen (Frühstückscerealien)

1 Für den Teig Butter oder Margarine mit Handrührgerät mit Rührbesen auf höchster Stufe geschmeidig rühren. Nach und nach Zucker und Vanillin-Zucker unterrühren und so lange rühren, bis eine gebundene Masse entstanden ist. Eier nach und nach unterrühren (jedes Ei etwa ½ Minute).

2 Mehl und Backpulver mischen, sieben und portionsweise auf mittlerer Stufe unterrühren. Restliche Zutaten ebenfalls kurz auf niedrigster Stufe unterrühren.

3 Teig mit 2 Teelöffeln in walnussgroßen Häufchen auf ein Backblech (gefettet, mit Backpapier belegt) setzen, das Backblech in den vorgeheizten Backofen schieben.

Ober-/Unterhitze: etwa 180 °C
Heißluft: etwa 160 °C
Backzeit: etwa 10 Minuten.

4 Die Knusperchen mit Backpapier vom Backblech auf einen Kuchenrost ziehen und erkalten lassen.

5 Zum Verzieren Kuvertüre in kleine Stücke hacken und in einem kleinen Topf im Wasserbad bei schwacher Hitze zu einer geschmeidigen Masse verrühren. Etwas davon mit einem Teelöffel auf jedes Knusperchen geben, mit geröstetem Weizen bestreuen und die Kuvertüre fest werden lassen.

Tipp

Die Knusperchen halten sich mehrere Tage frisch. Anstelle der getrockneten Aprikosen können auch getrocknete Äpfel oder Feigen verwendet werden.

Pflaumenmakronen

Zubereitungszeit: 40 Minuten
Insgesamt: E: 46 g, F: 92 g, Kh: 233 g, kJ: 8179, kcal: 1953 | **Raffiniert**

Zum Vorbereiten:
etwa 100 g getrocknete, entsteinte Pflaumen

Für die Eiweißmasse:
3 Eiweiß (Größe M)
1 TL Zitronensaft
170 g Zucker
150 g abgezogene, gemahlene Mandeln
2 TL Dr. Oetker Finesse Orangenfrucht
1 TL gemahlener Ingwer

Zum Bestreuen:
20 g gehackte Pistazienkerne

1 Zum Vorbereiten die Pflaumen je nach Größe in 4 oder 6 Stücke schneiden.

2 Für die Eiweißmasse Eiweiß und Zitronensaft mit Handrührgerät mit Rührbesen auf höchster Stufe steif schlagen. Der Schnee muss so fest sein, dass ein Messerschnitt sichtbar bleibt. Nach und nach Zucker kurz unterschlagen.

3 Mandeln mit Orangenfrucht und Ingwer mischen und kurz auf mittlerer Stufe unter die Eischneemasse rühren.

4 Den Teig mit zwei Teelöffeln in Häufchen auf Backbleche (mit Backpapier belegt) setzen, dabei genügend Abstand zwischen den Teighäufchen lassen. Jeweils 1 Pflaumenstückchen in die Mandelhäufchen drücken und Mandelhäufchen mit Pistazienkernen bestreuen.

5 Die Backbleche nacheinander (bei Heißluft zusammen) in den vorgeheizten Backofen schieben.

Ober-/Unterhitze: etwa 180 °C
Heißluft: etwa 160 °C
Backzeit: etwa 20 Minuten je Backblech.

6 Die Makronen mit dem Backpapier von den Backblechen auf Kuchenroste ziehen, Makronen erkalten lassen.

Tipp

Wer auf den Ingwergeschmack verzichten möchte, kann die Makronen z. B. mit gemahlenem Zimt oder Kardamom würzen.

Ananasringe

Zubereitungszeit: 60 Minuten, ohne Kühlzeit
Insgesamt: E: 29 g, F: 162 g, Kh: 501 g, kJ: 14995, kcal: 3581 | **Einfach**

Für den Rührteig:
150 g weiche Butter oder Margarine
100 g Zucker
1 Prise Salz
einige Tropfen Rum-Aroma
3 Eigelb (Größe M)
150 g Weizenmehl
50 g Speisestärke
1 TL Dr. Oetker Backin
4 EL Schlagsahne
150 g kandierte, fein gehackte Ananasstücke

Für den Guss:
120 g gesiebter Puderzucker
2 EL Zitronensaft

Zum Bestreuen:
50 g kandierte, fein gehackte Ananasstücke

1 Für den Teig Butter oder Margarine mit Handrührgerät mit Rührbesen auf höchster Stufe geschmeidig rühren. Nach und nach Zucker, Salz und Aroma unterrühren und so lange rühren, bis eine gebundene Masse entstanden ist.

2 Eigelb nach und nach unterrühren (jedes Eigelb knapp 1/2 Minute). Mehl mit Speisestärke und Backpulver mischen, sieben und abwechselnd in 2 Portionen mit der Sahne auf mittlerer Stufe unterrühren. Ananasstücke unterrühren. Den Teig halbieren.

3 Die Hälfte des Teiges in einen Spritzbeutel mit Lochtülle (Ø etwa 10 mm) füllen und daraus 20 Ringe (Ø 4–5 cm) mit etwas Abstand zueinander auf ein Backblech (gefettet, mit Backpapier belegt) spritzen.

4 Restlichen Teig auf die gleiche Weise verarbeiten. Die Backbleche nacheinander (bei Heißluft zusammen) in den vorgeheizten Backofen schieben.

Ober-/Unterhitze: etwa 180 °C
Heißluft: etwa 160 °C
Backzeit: etwa 10 Minuten je Backblech.

5 Die Gebäckringe mit dem Backpapier von den Backblechen auf Kuchenroste ziehen und erkalten lassen.

6 Für den Guss Puderzucker mit Zitronensaft zu einer dickflüssigen Masse verrühren. Die Gebäckringe damit bestreichen und sofort mit Ananasstücken bestreuen. Guss fest werden lassen.

Tipp

Die Ananasringe können etwa 10 Tage in einer gut schließenden Dose aufbewahrt werden; durch die Ananas werden sie dann weicher.

Ananas-Maracuja-Kekse

Zubereitungszeit: 50 Minuten, ohne Abkühlzeit
Insgesamt: E: 24 g, F: 130 g, Kh: 324 g, kJ: 10767, kcal: 2568 | **Raffiniert**

Für den Rührteig:
120 g weiche Butter oder Margarine
100 g Zucker
1 Prise Salz
2 Eigelb (Größe M)
120 g Weizenmehl
80 g Speisestärke
1 TL Dr. Oetker Backin
½ Pck. (26 g) Kaltschale Ananas-Maracuja-Geschmack
2 EL Zitronensaft

50 g aufgelöste Zartbitter-Schokolade
etwa 8 getrocknete, gesüßte Ananasstücke

1 Für den Teig Butter oder Margarine mit Handrührgerät mit Rührbesen auf höchster Stufe geschmeidig rühren. Nach und nach Zucker und Salz unterrühren und so lange rühren, bis eine gebundene Masse entstanden ist.

2 Eigelb nach und nach unterrühren (jedes Eigelb knapp ½ Minute). Mehl mit Speisestärke und Backpulver mischen und sieben. Kaltschale untermischen. Das Mehlgemisch in 2 Portionen kurz auf mittlerer Stufe unter die Butter-Eigelb-Masse rühren. Zitronensaft unterrühren.

3 Den Teig mit zwei Teelöffeln in Häufchen auf Backbleche (mit Backpapier belegt) setzen. Die Backbleche nacheinander (bei Heißluft zusammen) in den vorgeheizten Backofen schieben.

Ober-/Unterhitze: etwa 180 °C
Heißluft: etwa 160 °C
Backzeit: 15–20 Minuten je Backblech.

4 Die Kekse mit dem Backpapier von den Backblechen auf Kuchenroste ziehen und Kekse erkalten lassen.

5 Schokolade in einen kleinen Gefrierbeutel geben und eine kleine Ecke abschneiden. Jeweils einen Schokoladenklecks auf die Kekse spritzen und Schokolade etwas fest werden lassen.

6 Ananasstücke in schmale Streifen schneiden und in die etwas fest gewordene Schokolade drücken. Schokolade fest werden lassen.

Haferflocken-Apfel-Plätzchen

Zubereitungszeit: 40 Minuten, ohne Einweichzeit
Insgesamt: E: 48 g, F: 135 g, Kh: 173 g, kJ: 9642, kcal: 2302 **| Mit Alkohol**

Für den Teig:
100 g getrocknete Apfelringe
50 ml Rum
150 g gemahlene Haselnusskerne
1 EL Butter
5 EL flüssiger Honig
2 Eier (Größe M)
1 Prise Salz
einige Tropfen Rum-Aroma
50 g kernige Haferflocken

Vollkorn-Oblaten (Ø 5 cm)
etwa 25 Haselnusskerne

1 Für den Teig Apfelringe in feine Würfel schneiden, mit Rum beträufeln und 30–60 Minuten marinieren.

2 Haselnusskerne in einer Pfanne ohne Fett anrösten. Butter und 3 Esslöffel Honig hinzufügen und erhitzen. Anschließend mit dem Pürierstab in einer Schüssel pürieren, so dass eine Paste entsteht.

3 Eier mit Salz und restlichem Honig mit Handrührgerät mit Rührbesen schaumig schlagen und mit Rum-Aroma aromatisieren. Haferflocken und Nussmasse esslöffelweise zugeben und die Apfelwürfel unterheben.

4 Die Masse mit 2 Teelöffeln auf die Oblaten geben, glatt streichen und mit je einem Haselnusskern belegen. Oblaten auf ein Backblech (gefettet, mit Backpapier belegt) geben und das Backblech in den vorgeheizten Backofen schieben.

Ober-/Unterhitze: etwa 180 °C
Heißluft: etwa 160 °C
Backzeit: 15–20 Minuten.

5 Plätzchen mit dem Backpapier vom Backblech auf einen Kuchenrost ziehen und erkalten lassen.

Tipp

Noch besser schmecken die Plätzchen, wenn die Haferflocken in einer Pfanne ohne Fett angeröstet und abgekühlt unter den Teig gehoben werden. Es können auch Vollkornhaferflocken verwendet werden. Statt der getrockneten Apfelringe können auch gewürfelte, getrocknete Pflaumen oder Aprikosen unter den Teig gearbeitet werden. Für Kinder die Apfelringe statt in Rum in Apfelsaft einweichen und das Rum-Aroma durch Zitronen-Aroma ersetzen.

Ungebackene Birnenplätzchen

Zubereitungszeit: 65 Minuten, ohne Kühlzeit
Insgesamt: E: 32 g, F: 193 g, Kh: 239 g, kJ: 12136, kcal: 2898 | **Mit Alkohol**

300 g getrocknete ungeschwefelte Birnen
200 g Kokosraspel
Saft und abgeriebene Schale von 1 Bio-Zitrone (unbehandelt)
5 EL Birnenlikör
1 EL cremiger Honig

100 g fein gehackte Haselnusskerne

1 Birnen, Kokosraspel, Zitronensaft und -schale, Likör und Honig in eine hohe Rührschüssel geben und mit einem Mixstab pürieren.

2 Haselnusskerne in einer Pfanne ohne Fett unter Wenden hellbraun rösten und auf einem tiefen Teller erkalten lassen.

3 Von der Püreemasse mit 2 Teelöffeln walnussgroße Häufchen abstechen und mit angefeuchteten Händen zu Kugeln formen. Die Kugeln in den gerösteten Haselnusskernen wälzen und flach drücken. Plätzchen auf eine große Platte (mit Backpapier belegt) legen und kalt stellen.

Tipp

Die Plätzchen gekühlt in einer gut schließenden Dose aufbewahren.

Ananas-Ecken

Zubereitungszeit: 50 Minuten, ohne Abkühlzeit
Insgesamt: E: 69 g, F: 166 g, Kh: 368 g, kJ: 14271, kcal: 3407 | **Mit Alkohol**

Zum Vorbereiten:
125 g gemahlene Haselnusskerne
100 g getrocknete, kandierte Ananasstücke

Für den Teig:
2 Eier (Größe M)
150 g Zucker
1 Pck. Dr. Oetker Vanillin-Zucker
125 g abgezogene, gemahlene Mandeln
abgeriebene Schale von ½ Bio-Zitrone (unbehandelt)
½ Fläschchen Rum-Aroma
1 Pck. Dr. Oetker Finesse Weihnachts-Aroma

Außerdem:
3 rechteckige, große Oblaten (etwa 12 x 20 cm)

Für den Guss und zum Garnieren:
100 g Zartbitter-Kuvertüre
50 g getrocknete, kandierte Ananasstücke

1 Zum Vorbereiten Haselnüsse unter Wenden in einer Pfanne ohne Fett rösten, auf einem Teller auskühlen lassen. Ananas in kleine Stücke schneiden.

2 Für den Teig Eier in eine Rührschüssel geben und mit Handrührgerät mit Rührbesen etwa 2 Minuten sehr schaumig rühren. Zucker und Vanillin-Zucker hinzufügen und noch etwa 2 Minuten rühren. Restliche Zutaten mischen und mit den Nüssen und Ananasstücken unter die Schaummasse heben.

3 Oblaten auf ein Backblech (mit Backpapier belegt) legen und mit dem Teig bestreichen. Dabei einen schmalen Rand frei lassen. Das Backblech in den vorgeheizten Backofen schieben.

Ober-/Unterhitze: 140–160 °C
Heißluft: 120–140 °C
Backzeit: etwa 25 Minuten.

4 Gebäck auf einem Kuchenrost abkühlen lassen und anschließend in kleine Rauten schneiden.

5 Für den Guss Kuvertüre grob zerkleinern und in einem kleinen Topf im Wasserbad bei schwacher Hitze zu einer geschmeidigen Masse verrühren. Die Rauten teilweise in die Kuvertüre tauchen und mit Ananasstücken garnieren.

Früchteplätzchen

Zubereitungszeit: 40 Minuten
Insgesamt: E: 57 g, F: 292 g, Kh: 497 g, kJ: 20307, kcal: 4849 | **Gut vorzubereiten**

Für den Rührteig:
250 g weiche Butter oder Margarine
150 g Zucker
1 Pck. Dr. Oetker Vanillin-Zucker
3 Eigelb (Größe M)
300 g Weizenmehl
1 schwach geh. TL Dr. Oetker Backin
2 EL Zitronensaft
100 g in Scheiben geschnittene Haselnusskerne
75 g Korinthen
50 g fein gehacktes Zitronat (Sukkade)

Zum Bestäuben:
50 g Puderzucker

1 Für den Teig Butter oder Margarine mit Handrührgerät mit Rührbesen auf höchster Stufe geschmeidig rühren. Nach und nach Zucker und Vanillin-Zucker unterrühren und so lange rühren, bis eine gebundene Masse entstanden ist.

2 Eigelb nach und nach unterrühren (jedes Eigelb knapp 1/2 Minute). Mehl mit Backpulver mischen, sieben und in 2 Portionen mit dem Zitronensaft auf mittlerer Stufe unterrühren. Haselnusskerne, Korinthen und Zitronat unterrühren.

3 Von dem Teig mit 2 Teelöffeln Häufchen auf Backbleche (mit Backpapier belegt) setzen, dabei genügend Abstand zwischen den Teighäufchen lassen.

4 Die Backbleche nacheinander (bei Heißluft zusammen) in den vorgeheizten Backofen schieben.

Ober-/Unterhitze: etwa 180 °C
Heißluft: etwa 160 °C
Backzeit: 15–20 Minuten je Backblech.

5 Die Früchteplätzchen mit dem Backpapier von den Backblechen auf Kuchenroste ziehen. Früchteplätzchen sofort mit Puderzucker bestäuben und erkalten lassen.

Dattelhäufchen

Zubereitungszeit: 45 Minuten, ohne Abkühlzeit
Insgesamt: E: 38 g, F: 93 g, Kh: 235 g, kJ: 8111, kcal: 1935 | Vollwert

Zum Vorbereiten:
100 g mittelfeine Haferflocken
250 g frische Datteln

Für den Teig:
50 g weiche Butter
3 EL Ahornsirup
2 Eier (Größe M)
50 g geriebene Haselnusskerne
1 TL Dr. Oetker Backin

1 Zum Vorbereiten Haferflocken in einer Pfanne ohne Fett bei schwacher Hitze unter Rühren rösten und auf einem Teller erkalten lassen. Datteln entkernen, enthäuten, in einen Mixbecher geben und pürieren.

2 Für den Teig Butter und Ahornsirup in eine Rührschüssel geben und mit Handrührgerät mit Rührbesen auf höchster Stufe zu einer geschmeidigen Masse verrühren. Nach und nach Eier unterrühren (jedes Ei etwa 1/2 Minute). Haselnusskerne mit Backpulver und den Haferflocken mischen und in 2 Portionen mit dem Dattelpüree auf niedrigster Stufe unterrühren.

3 Den Teig mit 2 Teelöffeln in walnussgroßen Häufchen auf Backbleche (mit Backpapier belegt) setzen, dabei genügend Abstand zwischen den Teighäufchen lassen. Die Backbleche nacheinander (bei Heißluft zusammen) in den vorgeheizten Backofen schieben.

Ober-/Unterhitze: etwa 180 °C
Heißluft: etwa 160 °C
Backzeit: etwa 30 Minuten.

4 Die Dattelhäufchen mit dem Backpapier von den Backblechen auf Kuchenroste ziehen, Dattelhäufchen erkalten lassen.

Datteltaler

Zubereitungszeit: 45 Minuten, ohne Abkühlzeit
Insgesamt: E: 36 g, F: 93 g, Kh: 314 g, kJ: 9388, kcal: 2245 | **Mit Alkohol**

Für die Eiweißmasse:
2 Eiweiß (Größe M)
125 g feinkörniger Zucker
1 Pck. Dr. Oetker Vanillin-Zucker
1/2 Fläschchen Rum-Aroma
1 Msp. gemahlener Zimt
20 g gesiebte Speisestärke
50 g abgezogene, gemahlene Mandeln
50 g abgezogene, gehackte Mandeln
100 g Datteln, fein gewürfelt

Außerdem:
etwa 50 Oblaten (Ø 4 cm)

Zum Bestreuen:
40 g entsteinte, in Würfel geschnittene Datteln

Für den Guss:
100 g Zartbitter-Kuvertüre oder Zartbitter-Schokolade
1 TL Speiseöl

1 Für die Eiweißmasse Eiweiß mit Handrührgerät mit Rührbesen auf höchster Stufe steif schlagen. Der Schnee muss so fest sein, dass ein Messerschnitt sichtbar bleibt. Zucker, Vanillin-Zucker, Aroma und Zimt unterrühren. Speisestärke mit Mandeln und Dattelwürfeln mischen, auf die Eischneemasse geben und vorsichtig unterheben.

2 Die Masse mit 2 Teelöffeln in Häufchen auf etwa 15 Oblaten setzen, mit je einer zweiten Oblate belegen und auf ein Backblech legen. Restliche Eiweißmasse auf etwa 20 Oblaten verteilen, mit Dattelwürfeln bestreuen und ebenfalls auf das Backblech legen. Das Backblech in den vorgeheizten Backofen schieben.

Ober-/Unterhitze: 140–160 °C
Heißluft: 120–140 °C
Backzeit: etwa 20 Minuten.

3 Die Datteltaler vom Backblech nehmen und auf einem Kuchenrost erkalten lassen.

4 Für den Guss Kuvertüre in kleine Stücke hacken oder Schokolade in Stücke brechen und mit Speiseöl in einem kleinen Topf im Wasserbad bei schwacher Hitze schmelzen. Die Datteltaler von beiden Seiten oder zur Hälfte in die Kuvertüre oder Schokolade tauchen und auf Backpapier legen. Den Guss fest werden lassen.

Tipp

Statt die Taler in den Guss zu tauchen, können Sie die Oberseite der Taler auch mit dem Guss besprenkeln, dann jedoch nur 50 g Kuvertüre oder Schokolade ohne Speiseöl schmelzen.

Hagebuttenkekse

Zubereitungszeit: 50 Minuten, ohne Kühl- und Trockenzeit
Insgesamt: E: 40 g, F: 182 g, Kh: 389 g, kJ: 14004, kcal: 3345 | **Raffiniert**

Für den Tee:
3 Portionsbeutel Hagebuttentee mit Hibiskus (je 3,5 g)
50 ml Wasser

Für den Knetteig:
220 g Weizenmehl
30 g Speisestärke
½ TL Dr. Oetker Backin
120 g Zucker
170 g Butter oder Margarine
70 g abgezogene, gemahlene Mandeln

Für den Guss:
70 g gesiebter Puderzucker
1–2 EL Zitronensaft

1 Zum Vorbereiten die Teebeutel aufschneiden und den Tee in einen kleinen Topf geben. Wasser hinzufügen und unter Rühren aufkochen lassen. Den Topf von der Kochstelle nehmen und den Tee darin erkalten lassen.

2 Für den Teig Mehl mit Speisestärke und Backpulver mischen, in eine Rührschüssel sieben und Zucker, Butter oder Margarine, Mandeln und den gequollenen Hagebuttentee (etwa 2 Esslöffel Teebrei) hinzufügen. Die Zutaten mit Handrührgerät mit Knethaken auf höchster Stufe gut durcharbeiten.

3 Anschließend auf der bemehlten Arbeitsfläche zu einem glatten Teig verkneten. Aus dem Teig zwei Rollen (Länge je 22 cm) formen, mit Frischhaltefolie belegen und im Gefrierfach etwa 30 Minuten anfrieren lassen.

4 Die Teigstangen mit einem Allesschneider oder mit einem Sägemesser in etwa 4 mm dicke Scheiben schneiden. Dabei die Rollen immer wieder drehen, damit die Scheiben gleichmäßig abgeschnitten werden. Die Teigscheiben auf Backbleche (mit Backpapier belegt) legen. Die Backbleche nacheinander (bei Heißluft zusammen) in den vorgeheizten Backofen schieben.

Ober-/Unterhitze: etwa 180 °C
Heißluft: etwa 160 °C
Backzeit: etwa 15 Minuten je Backblech.

5 Die Backbleche auf Kuchenroste stellen und die Kekse etwa 5 Minuten abkühlen lassen. Dann die Kekse mit dem Backpapier von den Backblechen auf Kuchenroste ziehen und Kekse erkalten lassen.

6 Für den Guss Puderzucker und Zitronensaft zu einer dickflüssigen Masse verrühren, in einen Gefrierbeutel geben und eine kleine Ecke abschneiden. Auf jeden Keks einen Punkt spritzen und den Guss trocknen lassen.

Limetten-Hafer-Wölkchen

Zubereitungszeit: etwa 40 Minuten
Insgesamt: E: 33 g, F: 116 g, Kh: 293 g, kJ: 9892, kcal: 2358 | **Raffiniert**

Für den All-in-Teig:
70 g Weizenmehl
1 TL Dr. Oetker Backin
100 g brauner Zucker (Kandisfarin)
1 Prise Salz
abgeriebene Schale von 1 Bio-Limette (unbehandelt)
2 EL Limettensaft
120 g blütenzarte Haferflocken
1 Ei (Größe M)
120 g weiche Butter oder Margarine
100 g sehr fein gehacktes Zitronat (Sukkade)

1 Mehl mit Backpulver mischen, in eine Rührschüssel sieben und Zucker, Salz, Limettenschale, -saft, Haferflocken, Ei, Butter oder Margarine und Zitronat hinzufügen. Die Zutaten mit Handrührgerät mit Rührbesen zunächst kurz auf niedrigster, dann auf höchster Stufe zu einem Teig verarbeiten.

2 Den Teig mit zwei Teelöffeln in Häufchen auf Backbleche (mit Backpapier belegt) setzen, dabei genügend Abstand zwischen den Teighäufchen lassen. Die Backbleche nacheinander (bei Heißluft zusammen) in den vorgeheizten Backofen schieben.

Ober-/Unterhitze: etwa 200 °C
Heißluft: etwa 180 °C
Backzeit: 15–20 Minuten je Backblech.

3 Das Gebäck mit dem Backpapier von den Backblechen auf Kuchenroste ziehen und erkalten lassen.

Tipp

Einen Guss aus 70 g gesiebtem Puderzucker und 1 Esslöffel Limettensaft zubereiten. Den Guss in einen kleinen Gefrierbeutel geben und eine kleine Ecke abschneiden. Die Plätzchen mit dem Guss verzieren und den Guss fest werden lassen.

Pflaumen-Ingwer-Stückchen

Zubereitungszeit: 40 Minuten
Insgesamt: E: 32 g, F: 128 g, Kh: 377 g, kJ: 11677, kcal: 2785 | **Fruchtig**

Für den All-in-Teig:
50 g kandierte Ingwerstücke
100 g getrocknete Pflaumen
200 g Weizenmehl
20 g Speisestärke
120 g Zucker
1 Pck. Dr. Oetker Vanillin-Zucker
1 Prise Salz
1 Ei (Größe M)
3 EL Buttermilch
120 g weiches Butterschmalz oder Margarine

1 Für den Teig Ingwer und Pflaumen fein hacken. Mehl mit Speisestärke mischen, in eine Rührschüssel sieben und Zucker, Vanillin-Zucker, Salz, Ei, Buttermilch und Butterschmalz oder Margarine hinzufügen. Die Zutaten mit Handrührgerät mit Rührbesen zunächst kurz auf niedrigster, dann auf höchster Stufe zu einem Teig verarbeiten. Ingwer- und Pflaumenstückchen unterrühren.

2 Den Teig mit zwei Teelöffeln in Häufchen auf Backbleche (mit Backpapier belegt) setzen, dabei genügend Abstand zwischen den Teighäufchen lassen. Die Backbleche nacheinander (bei Heißluft zusammen) in den vorgeheizten Backofen schieben.

Ober-/Unterhitze: etwa 180 °C
Heißluft: etwa 160 °C
Backzeit: 10–15 Minuten je Backblech.

3 Das Gebäck mit dem Backpapier von den Backblechen auf Kuchenroste ziehen und erkalten lassen.

Stollenhäppchen

Zubereitungszeit: 1 Stunde, ohne Teiggehzeit
Insgesamt: E: 51 g, F: 135 g, Kh: 398 g, kJ: 12623, kcal: 3013 | **Für Gäste**

Für den Hefeteig:
250 g Weizenmehl
1 Pck. Dr. Oetker Trockenbackhefe
2 EL (30 g) flüssiger Honig
40 g Zucker
1 Pck. Dr. Oetker Vanillin-Zucker
1 TL Dr. Oetker Finesse Weihnachts-Aroma
1 TL Dr. Oetker Finesse Geriebene Zitronenschale
100 g weiches Butterschmalz oder Margarine
100 ml lauwarme Milch
50 g fein gehacktes Zitronat (Sukkade)
100 g Rosinen
30 g Korinthen
70 g abgezogene, gemahlene Mandeln

Zum Bestäuben:
Puderzucker

1 Für den Teig Mehl in eine Rührschüssel sieben und mit der Hefe sorgfältig vermischen. Honig, Zucker, Vanillin-Zucker, Aroma, Zitronenschale, Butterschmalz oder Margarine und Milch hinzufügen.

2 Die Zutaten mit Handrührgerät mit Knethaken zunächst kurz auf niedrigster, dann auf höchster Stufe in etwa 5 Minuten zu einem Teig verarbeiten. Den Teig zugedeckt so lange an einem warmen Ort gehen lassen, bis er sich sichtbar vergrößert hat.

3 Den Teig leicht mit Mehl bestäuben, aus der Schüssel nehmen und auf der bemehlten Arbeitsfläche nochmals kurz durchkneten. Zitronat, Rosinen, Korinthen und Mandeln unterarbeiten.

4 Den Teig mit zwei Teelöffeln in Häufchen auf Backbleche (mit Backpapier belegt) setzen, dabei genügend Abstand zwischen den Teighäufchen lassen. Die Teighäufchen zugedeckt nochmals so lange an einem warmen Ort gehen lassen, bis sie sich sichtbar vergrößert haben.

5 Die Backbleche nacheinander (bei Heißluft zusammen) in den vorgeheizten Backofen schieben.

Ober-/Unterhitze: etwa 180 °C
Heißluft: etwa 160 °C
Backzeit: 15–20 Minuten je Backblech.

6 Das Gebäck mit dem Backpapier von den Backblechen auf Kuchenroste ziehen. Gebäck sofort mit Puderzucker bestäuben und erkalten lassen.

Saftige Fruchtrollen

Zubereitungszeit: 90 Minuten, ohne Kühlzeit
Insgesamt: E: 33 g, F: 110 g, Kh: 622 g, kJ: 15230, kcal: 3622 | **Etwas aufwändiger**

Für die Füllung:
200 g kandierte Ananasstücke
100 g Orangeat
100 g getrocknete Cranberries, gesüßt
1 Eiweiß (Größe M)
abgeriebene Schale von je 1 Bio-Limette und -Zitrone (unbehandelt)

Für den Knetteig:
200 g Weizenmehl
100 g Zucker
1 Pck. Dr. Oetker Vanillin-Zucker
1 Prise Salz
1 Eigelb (Größe M)
120 g Butter oder Margarine
2 EL kaltes Wasser

Für den Guss:
50 g gesiebter Puderzucker
1 EL Zitronen- oder Limettensaft

1 Für die Füllung Ananas mit Orangeat und Cranberries fein hacken. Eiweiß verschlagen, mit Limetten- und Zitronenschale mischen und Fruchtstückchen unterrühren.

2 Für den Teig Mehl in eine Rührschüssel sieben. Restliche Zutaten hinzufügen und mit Handrührgerät mit Rührbesen auf höchster Stufe gut durcharbeiten. Anschließend auf der bemehlten Arbeitsfläche zu einem glatten Teig verarbeiten. Den Teig halbieren und eine Teighälfte zwischen Frischhaltefolie zu einem Rechteck (etwa 12 x 32 cm) ausrollen. Die obere Lage Frischhaltefolie entfernen und die Hälfte der Fruchtmasse in der Mitte, der Länge nach auf dem Teigrechteck verteilen.

3 Den Teig mit Hilfe der unteren Frischhaltefolie auf der Füllung zusammenschlagen, andrücken, mit der Folie verschließen und zu einer Rolle formen. Zweite Teighälfte ebenso verarbeiten. Die Teigrollen mindestens 1 Stunde kalt stellen.

4 Die Teigrollen mit der Nahtseite nach oben auf eine Arbeitsfläche legen und in etwa 2 cm dicke Scheiben schneiden. Teigscheiben auf Backbleche (mit Backpapier belegt) setzen und die Oberfläche mit dem Messerrücken einkerben. Die Backbleche nacheinander (bei Heißluft zusammen) in den vorgeheizten Backofen schieben.

Ober-/Unterhitze: etwa 200 °C
Heißluft: etwa 180 °C
Backzeit: 10–15 Minuten je Backblech.

5 Die Backbleche auf Kuchenroste stellen und das Gebäck etwa 5 Minuten abkühlen lassen. Dann das Gebäck mit dem Backpapier von den Backblechen auf Kuchenroste ziehen. Gebäck erkalten lassen.

6 Für den Guss Puderzucker mit Saft verrühren, in einen Gefrierbeutel geben und eine kleine Ecke abschneiden. Das Gebäck mit dem Guss besprenkeln, Guss trocknen lassen.

Hagebuttenherzen

Zubereitungszeit: 70 Minuten, ohne Kühlzeit
Insgesamt: E: 54 g, F: 228 g, Kh: 608 g, kJ: 20243, kcal: 4836 | Fruchtig

Für den Knetteig:
200 g Weizenmehl
75 g Zucker
2 Pck. Dr. Oetker Bourbon-Vanille-Zucker
1 Prise Salz
1 Eigelb (Größe M)
125 g Butter oder Margarine

Für die Streusel:
200 g Weizenmehl
75 g Zucker
1 Prise Salz
1/2 TL gemahlener Zimt
140 g Butter

Zum Bestreichen:
200 g Hagebuttenkonfitüre

Zum Bestäuben:
2 EL Puderzucker

1 Für den Teig Mehl in eine Rührschüssel sieben. Zucker, Vanille-Zucker, Salz, Eigelb und Butter oder Margarine hinzufügen und mit Handrührgerät mit Knethaken zunächst auf niedrigster, dann auf höchster Stufe gut durcharbeiten.

2 Anschließend auf der bemehlten Arbeitsfläche zu einem glatten Teig verkneten. Den Teig in Folie gewickelt 30 Minuten kalt stellen.

3 Für die Streusel Mehl in eine Schüssel sieben, Zucker, Salz, Zimt und Butter hinzufügen und mit Handrührgerät mit Rührbesen zu feinen Streuseln verarbeiten.

4 Den Teig portionsweise auf der bemehlten Arbeitsfläche dünn ausrollen und 40 Herzen ausstechen.

5 Zum Bestreichen Hagebuttenkonfitüre gut verrühren, die Herzen damit bestreichen und mit den Zimtstreuseln bestreuen.

6 Streuselherzen mit einem Messer oder einer Palette auf Backbleche (gefettet, mit Backpapier belegt) setzen und die Backbleche nacheinander (bei Heißluft zusammen) in den vorgeheizten Backofen schieben.

Ober-/Unterhitze: 180–200 °C
Heißluft: 160–180 °C
Backzeit: etwa 15 Minuten je Backblech.

7 Die Herzen mit Backpapier von den Backblechen auf Kuchenroste ziehen und erkalten lassen. Anschließend die Herzen mit Puderzucker bestäuben.

Tipp

Bereiten Sie Himbeer- oder Orangenherzen zu, indem Sie statt Hagebuttenkonfitüre Himbeerkonfitüre oder Orangenmarmelade verwenden.

Rotwein-Fruchtis

Zubereitungszeit: 45 Minuten, ohne Einweich- und Abkühlzeit
Insgesamt: E: 40 g, F: 71 g, Kh: 121 g, kJ: 6101, kcal: 1457 | **Mit Alkohol**

Zum Vorbereiten:
50 g getrocknete Äpfel
25 g getrocknete Birnen
25 g getrocknete Aprikosen oder 100 g getrocknetes Mischobst
100 ml Rotwein

Für den Belag:
1 Ei (Größe M)
25 g Zucker
2 EL Rotwein
1/2 TL Lebkuchengewürz
1/2 TL gemahlener Zimt
1 EL abgeriebene Schale von 1 Bio-Zitrone (unbehandelt)
1 EL abgeriebene Schale von 1 Bio-Orange (unbehandelt)
1 Prise Salz
100 g abgezogene, gestiftelte Mandeln

Außerdem:
runde Vollkorn-Oblaten (Ø 5 cm)

1 Trockenfrüchte in sehr feine Würfel schneiden, in eine Schüssel geben, mit dem Rotwein übergießen und über Nacht im Kühlschrank einweichen lassen.

2 Für den Belag am nächsten Tag Ei mit Zucker und Rotwein schaumig schlagen. Lebkuchengewürz, Zimt, Zitronen- und Orangenschale und Salz unterschlagen.

3 Früchte gut abtropfen lassen, mit den Mandeln mischen und unter die Schaummasse heben. Mit 2 Teelöffeln kleine Häufchen auf die Oblaten geben und auf ein Backblech (mit Backpapier belegt) setzen. Das Backblech in den vorgeheizten Backofen schieben.

Ober-/Unterhitze: etwa 180 °C
Heißluft: etwa 160 °C
Backzeit: 20–25 Minuten.

4 Die gebackenen Fruchtis mit dem Backpapier von dem Backblech auf einen Kuchenrost ziehen und erkalten lassen.

Tipp

Die Rotwein-Fruchtis mit Puderzuckerguss überziehen und den Guss trocknen lassen.
Das Trockenobst statt in Rotwein in Traubensaft einweichen.
Statt getrocknetem Obst können auch Rosinen und gehackte Walnusskerne verwendet werden.
Wenn Sie keine unbehandelten Zitrusfrüchte bekommen, können Sie auch je 1 Päckchen Finesse Geriebene Zitronenschale und Orangenfrucht verwenden.
Wenn die Rotwein-Fruchtis etwas weich geworden sind, sie an der Luft etwas trocknen lassen, damit sie wieder fest werden.

Gefüllte Schwarz-Weiß-Sterne

Zubereitungszeit: 45 Minuten, ohne Kühlzeit
Insgesamt: E: 45 g, F: 213 g, Kh: 371 g, kJ: 15055, kcal: 3601 | **Raffiniert**

Für den Knetteig:
200 g Weizenmehl
50 g Speisestärke
1 gestr. TL Dr. Oetker Backin
150 g Butter oder Margarine
75 g Zucker
1 Pck. Dr. Oetker Vanillin-Zucker
1 Prise Salz
1 Ei (Größe M)

Für den Guss:
200 g Edelbitter-Schokolade (mindestens 50 % Kakaoanteil)
2 TL Speiseöl
1/2 TL gemahlener Zimt
je 1 Prise Piment- und Nelkenpulver

Für die Füllung:
1 TL Dr. Oetker Finesse Orangenfrucht

Nach Belieben zum Bestreuen:
Puderzucker
Streu-Gold

1 Für den Teig Mehl mit Speisestärke und Backpulver mischen, in eine Rührschüssel sieben. Butter oder Margarine, Zucker, Vanillin-Zucker, Salz und Ei hinzufügen. Die Zutaten mit Handrührgerät mit Rührbesen zunächst kurz auf niedrigster, dann auf höchster Stufe gut durcharbeiten.

2 Anschließend auf einer bemehlten Arbeitsfläche zu einem glatten Teig verkneten. Den Teig in Frischhaltefolie gewickelt etwa 30 Minuten kalt stellen.

3 Den Teig auf einer bemehlten Arbeitsfläche etwa 3 mm dick ausrollen und mit einer Ausstechform Sterne (Ø etwa 5 cm) ausstechen. Teigsterne auf Backbleche (mit Backpapier belegt) legen.

4 Aus der Hälfte der Sterne mit einer Lochtülle oder sehr kleinen Ausstechform (Ø etwa 1 1/2 cm) die Mitte ausstechen. Die Backbleche nacheinander (bei Heißluft zusammen) in den vorgeheizten Backofen schieben.

Ober-/Unterhitze: etwa 180 °C
Heißluft: etwa 160 °C
Backzeit: 8–10 Minuten je Backblech.

5 Die Gebäcksterne mit dem Backpapier von den Backblechen auf Kuchenroste ziehen und erkalten lassen.

6 Für den Guss Schokolade in kleine Stücke brechen, mit Speiseöl in einem kleinen Topf im Wasserbad bei schwacher Hitze schmelzen. Zimt, Piment- und Nelkenpulver unterrühren.

7 Die nicht ausgestochenen Sterne mit der oberen Seite in die Schokolade tauchen, abtropfen lassen und auf Backpapier legen. Die restlichen ausgestochenen Sterne mit Puderzucker bestäuben und so auf die Schokolade legen, dass die Sternspitzen versetzt sind. Schokolade etwas fest werden lassen.

8 Für die Füllung restliche aufgelöste Schokolade eventuell nochmals erwärmen und Orangenfrucht unterrühren.

9 Mit einem kleinen Teelöffel die Orangenschokolade in die Sternlöcher füllen. Nach Belieben mit etwas Streu-Gold bestreuen. Schokolade fest werden lassen.

10 Die Sterne in einer gut schließenden Dose aufbewahren.

Tipp

Statt Orangenschale etwa einen halben Teelöffel gestoßenen Koriander unter die Schokolade rühren. Schwarz-Weiß-Sterne mit Puderzucker bestäuben.

Saftige Honigkrater

Zubereitungszeit: 50 Minuten
Insgesamt: E: 25 g, F: 152 g, Kh: 252 g, kJ: 10277, kcal: 2440 | **Raffiniert**

Für den Rührteig:
120 g weiches Butterschmalz
50 g Zucker
1 Pck. Dr. Oetker Bourbon-Vanille-Zucker
1 Prise Salz
50 g flüssiger Honig
1 Eigelb (Größe M)
200 g Weizenmehl
½ TL Dr. Oetker Backin

Für die Füllung:
100 g Schmand (24 % Fett)
10 g flüssiger Honig

1 Für den Teig Butterschmalz mit Handrührgerät mit Rührbesen auf höchster Stufe geschmeidig rühren. Zucker, Vanille-Zucker, Salz und Honig unterrühren und so lange rühren, bis eine gebundene Masse entstanden ist. Eigelb in etwa ½ Minute unterrühren.

2 Mehl mit Backpulver mischen, sieben und in 2 Portionen auf mittlerer Stufe unter die Butterschmalz-Eigelb-Masse rühren.

3 Den Teig mit zwei Teelöffeln in Häufchen auf Backbleche (mit Backpapier belegt) setzen. In die Mitte jedes Teighäufchens mit einem Kochlöffelstiel eine etwa 1 cm breite Vertiefung drücken, dabei den Stiel immer wieder in Mehl tauchen.

4 Für die Füllung Schmand und Honig in einer Schüssel glatt rühren, in einen kleinen Gefrierbeutel füllen und eine kleine Ecke abschneiden. Die Schmandmasse in die Vertiefungen spritzen.

5 Die Backbleche nacheinander (bei Heißluft zusammen) in den vorgeheizten Backofen schieben.

Ober-/Unterhitze: etwa 180 °C
Heißluft: etwa 160 °C
Backzeit: 12–15 Minuten je Backblech.

6 Die Backbleche auf Kuchenroste setzen und das Gebäck erkalten lassen.

Tipp

Die Honigkrater schmecken frisch am besten. Statt Butterschmalz die gleiche Menge Butter verwenden, dann jedoch statt 1 Eigelb 1 ganzes Ei unter den Teig rühren.

Gefüllte Walnussmakronen

Zubereitungszeit: 60 Minuten, ohne Kühlzeit
Insgesamt: E: 68 g, F: 136 g, Kh: 344 g, kJ: 12617, kcal: 3013 | **Mit Alkohol**

Für die Makronenmasse:
3 Eiweiß (Größe M)
1 Prise Salz
150 g Zucker
50 g Weizenmehl
200 g gemahlene Walnusskerne

Für die Trüffelmasse:
200 g weiße Kuvertüre
50 ml Schlagsahne
2–3 EL Apricot Brandy

Zum Bestreuen:
20 g fein gehackte Pistazienkerne

1 Für die Makronenmasse Eiweiß und Salz mit Handrührgerät mit Schneebesen auf höchster Stufe steif schlagen. Der Schnee muss so fest sein, dass ein Messerschnitt sichtbar bleibt. Zucker nach und nach unterschlagen.

2 Mehl sieben, mit den Walnusskernen mischen und vorsichtig unterheben. Die Masse in einen Spritzbeutel mit großer Lochtülle füllen und 40 Tupfen (Ø 2–3 cm) auf ein Backblech (gefettet, mit Backpapier belegt) spritzen. Das Backblech in den vorgeheizten Backofen schieben.

Ober-/Unterhitze: etwa 140 °C
Heißluft: etwa 120 °C
Backzeit: etwa 25 Minuten.

3 Das Gebäck mit dem Backpapier auf einen Kuchenrost ziehen und erkalten lassen.

4 Inzwischen für die Trüffelmasse die Kuvertüre in Stücke hacken und mit der Sahne in einem Topf im heißen Wasserbad zu einer geschmeidigen Masse verrühren. Apricot Brandy unterrühren. Masse aus dem Wasserbad nehmen, in einen hohen Rührbecher füllen und im kalten Wasserbad unter Rühren abkühlen lassen oder 1 Stunde kalt stellen.

5 Erkaltete Trüffelmasse mit Handrührgerät mit Rührbesen gut cremig rühren. Jeweils eine Makrone an der Unterseite mit der Trüffelmasse bestreichen, eine zweite Makrone darauf setzen und den Rand mit Pistazien bestreuen.

Tipp

Durch die Füllung werden die Makronen schnell weich, deshalb die Makronen in einer gut schließenden Dose an einem kühlen Ort aufbewahren und bald verzehren.

Falsche Sterne

Zubereitungszeit: 50 Minuten, ohne Kühl- und Trockenzeit
Insgesamt: E: 51 g, F: 196 g, Kh: 442 g, kJ: 15609, kcal: 3728 | **Dauert etwas länger**

Für den Knetteig:
250 g Weizenmehl
120 g Puderzucker
1 Pck. Dr. Oetker Bourbon-Vanille-Zucker
100 g gemahlene Walnusskerne
1 Ei (Größe M)
150 g Butter oder Margarine
2 EL kaltes Wasser

Für die Füllung:
150 g Aprikosenkonfitüre
1 EL Wasser

Zum Bestäuben:
Puderzucker

1 Für den Teig Mehl und Puderzucker in eine Rührschüssel sieben. Vanille-Zucker, Walnusskerne, Ei, Butter oder Margarine und Wasser hinzufügen und die Zutaten mit Handrührgerät mit Knethaken zunächst kurz auf niedrigster, dann auf höchster Stufe gut durcharbeiten.

2 Anschließend auf der leicht bemehlten Arbeitsfläche zu einem glatten Teig verkneten. Aus dem Teig zwei dreieckige Stangen (je 5 x 5 x 5 cm Breite, Länge etwa 25 cm) formen. Die Teigstangen mit Frischhaltefolie belegen und im Gefrierfach etwa 30 Minuten anfrieren lassen.

3 Die Teigstangen mit einem Allesschneider oder einem Sägemesser in etwa 4 mm dicke Scheiben schneiden. Dabei die Stangen immer wieder drehen, damit die Scheiben gleichmäßig abgeschnitten werden. Die Teigscheiben auf Backbleche (mit Backpapier belegt) legen.

4 Die Backbleche nacheinander (bei Heißluft zusammen) in den vorgeheizten Backofen schieben.

Ober-/Unterhitze: etwa 180 °C
Heißluft: etwa 160 °C
Backzeit: 10–15 Minuten je Backblech.

5 Die Backbleche auf Kuchenroste stellen und das Gebäck etwa 5 Minuten abkühlen lassen.

6 Dann das Gebäck mit dem Backpapier von den Backblechen auf Kuchenroste ziehen, Gebäck erkalten lassen.

7 Für die Füllung Konfitüre mit Wasser in einem kleinen Topf unter Rühren aufkochen lassen und anschließend mit einem Schneidstab pürieren. Jeweils zwei Gebäckdreiecke mit einem Klecks Konfitüre versetzt zusammensetzen und trocknen lassen. Das Gebäck mit Puderzucker bestäuben.

Biskuit-Rum-Taler

Zubereitungszeit: 45 Minuten, ohne Abkühlzeit
Insgesamt: E: 48 g, F: 56 g, Kh: 275 g, kJ: 7502, kcal: 1791 | **Mit Alkohol**

Für den Biskuitteig:
3 Eier (Größe M)
120 g Zucker
1 Prise Salz
1 Pck. Dr. Oetker Finesse Jamaica-Rum-Aroma
150 g Weizenmehl
1 leicht geh. EL Kakaopulver

Für die Füllung:
100 g Nuss-Nougat

1 Für den Teig Eier in einer Rührschüssel mit Handrührgerät mit Rührbesen auf höchster Stufe in 1 Minute schaumig schlagen. Zucker und Salz in 1 Minute einstreuen und noch etwa 2 Minuten schlagen. Aroma kurz unterrühren.

2 Mehl sieben, die Hälfte davon auf die Eiercreme geben und kurz auf niedrigster Stufe unterrühren. Restliches Mehl auf die gleiche Weise unterarbeiten. Von dem Teig 5 gehäufte Esslöffel abnehmen und mit Kakao verrühren. Den Kakaoteig in einen kleinen Gefrierbeutel füllen und eine kleine Ecke abschneiden.

3 Den Teig mit 2 Teelöffeln in Häufchen auf Backbleche (mit Backpapier belegt) setzen, dabei genügend Abstand zwischen den Teighäufchen lassen, Teighäufchen mit dem Löffel etwas flach drücken. Den Kakaoteig spiralförmig auf die hellen Teigplätzchen spritzen. Die Backbleche nacheinander (bei Heißluft zusammen) in den vorgeheizten Backofen schieben.

Ober-/Unterhitze: 180–200 °C
Heißluft: 160–180 °C
Backzeit: etwa 12 Minuten je Backblech.

4 Die Biskuit-Rum-Taler mit dem Backpapier von den Backblechen auf Kuchenroste ziehen. Biskuit-Rum-Taler erkalten lassen.

5 Für die Füllung Nougat in einem kleinen Topf im Wasserbad geschmeidig rühren, in einen kleinen Gefrierbeutel füllen und eine kleine Ecke abschneiden. Die Hälfte der Biskuit-Rum-Taler auf der Unterseite mit der Nougatmasse bespritzen. Die restlichen Biskuit-Rum-Taler mit der Unterseite darauf legen und leicht andrücken, Nougat fest werden lassen.

Tipp

Anstelle des Jamaica-Rum-Aromas schmeckt auch Amaretto-Bittermandel-Aroma.
Die Taler am besten an einem kühlen Ort in einer gut schließenden Dose aufbewahren.

Gefüllte Marzipanstangen

Zubereitungszeit: 90 Minuten, ohne Abkühlzeit
Insgesamt: E: 62 g, F: 280 g, Kh: 507 g, kJ: 20765, kcal: 4960 | **Für Geübte**

Für den Rührteig:
200 g Marzipan-Rohmasse
175 g weiche Butter oder Margarine
100 g Zucker
1 Pck. Dr. Oetker Vanillin-Zucker
1 Ei (Größe M)
3 Tropfen Zitronen-Aroma
200 g Weizenmehl
50 g Speisestärke

Zum Bestreichen:
etwa 4 EL Sauerkirschkonfitüre

Für den Guss:
150 g Zartbitter-Kuvertüre
1 TL Speiseöl

1 Für den Teig Marzipan-Rohmasse in feine Würfel schneiden. Marzipanwürfel und Butter oder Margarine in eine Rührschüssel geben und mit Handrührgerät mit Rührbesen auf höchster Stufe geschmeidig rühren. Zucker, Vanillin-Zucker, Ei und Aroma unterrühren.

2 Mehl mit Speisestärke mischen, sieben und portionsweise auf mittlerer Stufe unterrühren. Den Teig in kleinen Portionen in einen Spritzbeutel mit Sterntülle füllen und etwa 5 cm lange, nach Belieben leicht gewellte Stangen auf Backbleche (gefettet, mit Backpapier belegt) spritzen. Die Backbleche nacheinander (bei Heißluft zusammen) in den vorgeheizten Backofen schieben.

Ober-/Unterhitze: etwa 180 °C
Heißluft: etwa 160 °C
Backzeit: 10–12 Minuten je Backblech.

3 Die Marzipanstangen mit dem Backpapier von den Backblechen auf Kuchenroste ziehen. Marzipanstangen erkalten lassen.

4 Zum Bestreichen Konfitüre durch ein Sieb streichen und die Hälfte der Marzipanstangen auf der Unterseite damit bestreichen. Restliche Stangen darauf setzen und andrücken.

5 Für den Guss Kuvertüre in kleine Stücke hacken und mit Speiseöl in einem kleinen Topf im Wasserbad bei schwacher Hitze zu einer geschmeidigen Masse verrühren. Die Marzipanstangen mit den Enden hineintauchen und auf Backpapier legen. Guss fest werden lassen.

Tipp

Anstelle der Sauerkirschkonfitüre kann auch Aprikosenkonfitüre oder Orangenmarmelade verwendet werden. Das gefüllte Gebäck ist 2 Wochen haltbar (es wird mit der Zeit immer weicher). Ohne Füllung halten die Stangen etwa 4 Wochen.

Weihnachtssterne, gefüllt

Zubereitungszeit: 40 Minuten, ohne Kühlzeit
Insgesamt: E: 58 g, F: 178 g, Kh: 312 g, kJ: 13568, kcal: 3241 | **Raffiniert**

Für den Knetteig:
250 g Weizenmehl
1 TL Dr. Oetker Backin
100 g Zucker
1 Pck. Dr. Oetker Vanillin-Zucker
2 Eigelb (Größe M)
1/2 Fläschchen Rum-Aroma
125 g Butter oder Margarine
75 g abgezogene, gemahlene Mandeln

Zum Bestreichen:
1 Eigelb
2 EL Milch

Zum Belegen:
25 g abgezogene, gestiftelte Mandeln

Für die Füllung:
1 EL Himbeergelee

Tipp

Vor dem Backen die Plätzchen mit einem kleinen Loch versehen, nach dem Backen ein kleines Bändchen zum Aufhängen durchziehen und als Geschenkanhänger oder Christbaumschmuck verwenden.

1 Für den Teig Mehl mit Backpulver mischen, in eine Rührschüssel sieben und Zucker, Vanillin-Zucker, Eigelb, Aroma, Butter oder Margarine und Mandeln hinzufügen. Die Zutaten mit Handrührgerät mit Knethaken zunächst kurz auf niedrigster, dann auf höchster Stufe gut durcharbeiten.

2 Anschließend auf der bemehlten Arbeitsfläche zu einem glatten Teig verkneten. Sollte er kleben, ihn in Folie gewickelt ein Zeit lang kalt stellen.

3 Den Teig auf der bemehlten Arbeitsfläche dünn ausrollen und mit einer Ausstechform mittelgroße Sterne (40–60 Stück) ausstechen. Teigsterne auf Backbleche (gefettet, mit Backpapier belegt) legen.

4 Zum Bestreichen Eigelb und Milch verschlagen. Die Hälfte der Teigsterne damit bestreichen und mit Mandeln belegen. Die Backbleche nacheinander (bei Heißluft zusammen) in den vorgeheizten Backofen schieben.

Ober-/Unterhitze: etwa 200 °C
Heißluft: etwa 180 °C
Backzeit: 10–15 Minuten je Backblech.

5 Die Sterne mit dem Backpapier von den Backblechen auf je einen Kuchenrost ziehen und erkalten lassen.

6 Für die Füllung Gelee glatt rühren. Die nicht mit Mandeln belegten Sterne damit bestreichen, mit den Mandelsternen belegen und etwas andrücken.

Strudelschnecken

Zubereitungszeit: 90 Minuten, ohne Ruhe- und Kühlzeit
Insgesamt: E: 28 g, F: 86 g, Kh: 334 g, kJ: 9680, kcal: 2313 | **Für Gäste**

Für den Strudelteig:
150 g Weizenmehl
70 ml lauwarmes Wasser
2 EL Nussöl

Für die Füllung:
200 g gemischte, kandierte Früchte
50 g Mohnsamen
5 EL Schlagsahne
40 g Zucker

Zum Bestreichen:
2 EL Nussöl

Für den Guss:
30 g gesiebter Puderzucker
1 TL Orangensaft

1 Für den Teig Mehl in eine Rührschüssel sieben. Wasser und Nussöl hinzufügen und die Zutaten mit Handrührgerät mit Knethaken zunächst kurz auf niedrigster, dann auf höchster Stufe gut durcharbeiten.

2 Anschließend auf der bemehlten Arbeitsfläche zu einem glatten Teig verkneten, ihn auf Backpapier in einen heißen, trockenen Kochtopf (vorher Wasser darin kochen) legen, den Topf mit einem Deckel verschließen und den Teig etwa 30 Minuten ruhen lassen.

3 Für die Füllung inzwischen kandierte Früchte fein hacken, in eine Schüssel geben und mit Mohn, Sahne und Zucker mischen.

4 Ein Drittel des Teiges auf einem bemehlten Geschirrtuch sehr dünn ausrollen und daraus 40 Taler (Ø etwa 5 cm) ausstechen. Teigtaler auf Backbleche (gefettet, mit Backpapier belegt) legen.

5 Restlichen Teig auf einem bemehlten Geschirrtuch zu einem Rechteck (etwa 30 x 65 cm) ausrollen und mit Nussöl bestreichen.

6 Die Füllung auf dem Teigrechteck verteilen, dabei an den Längsseiten einen etwa 2 cm breiten Rand frei lassen. Den Teig mit Hilfe des Geschirrtuches von der breiten Seite her aufrollen. Die Rolle mit einem scharfen Messer in 40 etwa 1,5 cm dicke Scheiben schneiden.

7 Die Teigscheiben auf die Teigtaler legen und leicht auseinander drücken. Die Backbleche nacheinander (bei Heißluft zusammen) in den vorgeheizten Backofen schieben.

Ober-/Unterhitze: etwa 200 °C
Heißluft: etwa 180 °C
Backzeit: 10–15 Minuten je Backblech.

8 Das Gebäck mit dem Backpapier von den Backblechen auf Kuchenroste ziehen und erkalten lassen.

9 Für den Guss Puderzucker mit Orangensaft zu einer dickflüssigen Masse verrühren, in einen kleinen Gefrierbeutel füllen und eine kleine Ecke abschneiden. Den Guss schneckenförmig auf das Gebäck spritzen und fest werden lassen.

Zitronetten

Zubereitungszeit: 85 Minuten, ohne Kühlzeit
Insgesamt: E: 79 g, F: 262 g, Kh: 619 g, kJ: 21508, kcal: 5136 | **Dauert länger**

Für den Knetteig:
375 g Weizenmehl
1 TL Dr. Oetker Backin
125 g Zucker
1 Pck. Dr. Oetker Vanillin-Zucker
1 Ei (Größe M)
1 EL Milch
100 g abgezogene, gemahlene Mandeln
200 g Butter
evtl. 1–2 EL Milch

Für die Füllung:
2 EL Aprikosenkonfitüre
1 EL Zitronensaft oder etwa 3 EL Zitronengelee

Für den Guss:
200 g gesiebter Puderzucker
etwa 5 EL Zitronensaft
60 g Pistazienkerne, in Stifte geschnitten

1 Für den Teig Mehl mit Backpulver mischen und in eine Rührschüssel sieben. Zucker, Vanillin-Zucker, Ei, Milch, Mandeln und Butter hinzufügen und die Zutaten mit Handrührgerät mit Knethaken zunächst kurz auf niedrigster, dann auf höchster Stufe gut durcharbeiten, evtl. 1–2 Esslöffel Milch hinzufügen.

2 Anschließend auf der bemehlten Arbeitsfläche zu einem glatten Teig verarbeiten, zu Rollen (Ø etwa 3 cm) formen und in Frischhaltefolie gewickelt einige Stunden oder über Nacht kalt stellen.

3 Die Teigrollen in knapp $^{1}/_{2}$ cm dicke Scheiben schneiden und auf Backbleche (mit Backpapier belegt) legen. Die Backbleche nacheinander (bei Heißluft zusammen) in den vorgeheizten Backofen schieben.

Ober-/Unterhitze: etwa 200 °C
Heißluft: etwa 180 °C
Backzeit: 12–15 Minuten je Backblech.

4 Die Plätzchen mit dem Backpapier von den Backblechen auf Kuchenroste ziehen. Plätzchen erkalten lassen.

5 Für die Füllung Aprikosenkonfitüre mit Zitronensaft oder Zitronengelee verrühren. Die Hälfte der Plätzchen mit der Füllung bestreichen und mit den restlichen Plätzchen belegen.

6 Für den Guss Puderzucker und Zitronensaft zu einer dickflüssigen Masse verrühren. Die Plätzchen damit bestreichen und mit Pistazienkernen bestreuen. Guss trocknen lassen.

Haferflocken-Frucht-Makronen

Zubereitungszeit: 45 Minuten
Insgesamt: E: 37 g, F: 37 g, Kh: 231 g, kJ: 5931, kcal: 1413 | **Vollwert**

Für die Eiweißmasse:
2 Eiweiß (Größe M)
2 EL Zucker
4 EL Hagebuttenkonfitüre (ohne Fruchtstücke)
50 g abgezogene, gemahlene Mandeln
125 g kernige Haferflocken

Für die Füllung:
2 EL Hagebuttenkonfitüre (ohne Fruchtstücke)

1 Für die Eiweißmasse Eiweiß mit Handrührgerät mit Rührbesen auf höchster Stufe steif schlagen. Der Schnee muss so fest sein, dass ein Messerschnitt sichtbar bleibt. Nach und nach Zucker und Konfitüre kurz unterschlagen. Mandeln und Haferflocken vorsichtig unterheben.

2 Von der Eiweißmasse mit 2 Teelöffeln Häufchen auf Backbleche (mit Backpapier belegt) setzen. Mit einem Löffelstiel jeweils eine kleine Vertiefung in die Teighäufchen drücken. Die Backbleche nacheinander (bei Heißluft zusammen) in den vorgeheizten Backofen schieben.

Ober-/Unterhitze: 140–160 °C
Heißluft: 120–140 °C
Backzeit: etwa 25 Minuten.

3 Die Makronen mit dem Backpapier von den Backblechen auf Kuchenroste ziehen.

4 Für die Füllung Konfitüre gut verrühren. Jeweils etwas Konfitüre in die Vertiefungen der noch heißen Makronen geben und Makronen erkalten lassen.

Gefüllte Zitronentaler

Zubereitungszeit: 1 Stunde, ohne Saftzieh- und Kühlzeit
Insgesamt: E: 36 g, F: 134 g, Kh: 466 g, kJ: 13485, kcal: 3220 | **Dauert etwas länger**

Zum Vorbereiten:
1 reife Bio-Zitrone (unbehandelt)
50 g Zucker

Für den Knetteig:
250 g Weizenmehl
20 g Speisestärke
100 g Zucker
1 Pck. Dr. Oetker Vanillin-Zucker
1 Prise Salz
1 Ei (Größe M)
150 g Butter oder Margarine

Für den Guss:
3–4 EL Zitronensaft von der Bio-Zitrone
100 g gesiebter Puderzucker

1 Zum Vorbereiten Zitrone heiß abwaschen, trockenreiben und Enden abschneiden. Zitrone längs halbieren und den faserigen Strang in der Mitte herausschneiden. (Die vorbereitete Zitrone wiegt etwa 80 g.) Zitronenhälften in sehr kleine Würfel schneiden, in eine Schale legen, mit Zucker mischen und 1 Stunde zum Saftziehen stehen lassen.

2 Für den Teig Mehl mit Speisestärke mischen, in eine Rührschüssel sieben und Zucker, Vanillin-Zucker, Salz, Ei und Butter oder Margarine hinzufügen. Die Zutaten mit Handrührgerät mit Knethaken zunächst auf niedrigster, dann auf höchster Stufe gut durcharbeiten.

3 Anschließend auf der leicht bemehlten Arbeitsfläche zu einem glatten Teig verkneten und zwei Rollen (Länge je etwa 20 cm) daraus formen, in Frischhaltefolie gewickelt 1 Stunde kalt stellen.

4 Zitronen abtropfen lassen, Saft auffangen und 3–4 Esslöffel davon abmessen.

5 Eine Teigrolle mit einem Sägemesser in etwa 4 mm dicke Scheiben schneiden. Dabei die Rolle immer wieder drehen, damit die Scheiben gleichmäßig abgeschnitten werden. Die Teigscheiben auf Backbleche (mit Backpapier belegt) legen und Zitronenwürfel darauf verteilen. Restliche Rolle ebenso in Scheiben schneiden. Die Teigscheiben bis zur Mitte (etwa 2 cm) einschneiden und auf die belegten Teigscheiben legen. Teigränder leicht andrücken.

6 Die Backbleche nacheinander (bei Heißluft zusammen) in den vorgeheizten Backofen schieben.

Ober-/Unterhitze: etwa 180 °C
Heißluft: etwa 160 °C
Backzeit: 15–20 Minuten je Backblech.

7 Die Backbleche auf Kuchenroste stellen und das Gebäck etwa 5 Minuten auf den Backblechen abkühlen lassen. Dann das Gebäck mit dem Backpapier von den Backblechen auf Kuchenroste ziehen. Gebäck erkalten lassen.

8 Für den Guss Zitronensaft mit Puderzucker verrühren. Den Guss in einen Gefrierbeutel geben, eine kleine Ecke abschneiden und den Guss in Querstreifen in die Einschnitte der Plätzchen spritzen. Guss trocknen lassen.

Limetten-Doppeldecker

Zubereitungszeit: 50 Minuten, ohne Abkühlzeit
Insgesamt: E: 34 g, F: 104 g, Kh: 285 g, kJ: 9232, kcal: 2204 | **Raffiniert**

Zum Vorbereiten:
1 Bio-Limette (unbehandelt)

Für den Biskuitteig:
2 Eier (Größe M)
1 EL Limettensaft (von der Bio-Limette)
100 g Zucker
1 Pck. Dr. Oetker Vanillin-Zucker
80 g Weizenmehl
20 g Speisestärke
1/2 TL Dr. Oetker Backin

Für die Füllung:
1 Tafel (100 g) weiße Schokolade
80 g Macadamianusskerne (geröstet, gesalzen)
80 g Wildpreiselbeeren (aus dem Glas)

1 Zum Vorbereiten Limette heiß abwaschen, trockenreiben und Schale auf einer Haushaltsreibe fein abreiben. Limette halbieren, auspressen und 1 Esslöffel von dem Saft abmessen.

2 Für den Teig Eier und Limettensaft mit Handrührgerät mit Rührbesen auf höchster Stufe in 1 Minute schaumig schlagen. Zucker und Vanillin-Zucker mischen, in 1 Minute einstreuen und noch etwa 2 Minuten schlagen. Mehl mit Speisestärke und Backpulver mischen, auf die Eiercreme sieben und mit der Limettenschale kurz auf niedrigster Stufe unterrühren.

3 Den Teig mit zwei Teelöffeln in Häufchen auf Backbleche (mit Backpapier belegt) setzen, dabei genügend Abstand zwischen den Teighäufchen lassen (Teig läuft etwas auseinander). Die Backbleche nacheinander (bei Heißluft zusammen) in den vorgeheizten Backofen schieben.

Ober-/Unterhitze: etwa 200 °C
Heißluft: etwa 180 °C
Backzeit: 12–15 Minuten je Backblech.

4 Die Kekse mit dem Backpapier von den Backblechen auf Kuchenroste ziehen und erkalten lassen.

5 Für die Füllung Schokolade und Nusskerne mit einem Messer sehr fein hacken. Preiselbeeren in einem Topf kräftig aufkochen, in eine Schüssel geben und Nuss- und Schokoladenstücke sofort unterrühren. Die Hälfte der Kekse sofort mit der Preiselbeer-Schokoladen-Masse bestreichen, mit je einem Keks belegen und andrücken, trocknen lassen.

Tipp

Das Gebäck mit Puderzucker verzieren. Dafür einen Kuchenrost auf das Gebäck legen und dick mit Puderzucker bestäuben, Rost vorsichtig abnehmen.

Sandtropfen

Zubereitungszeit: 50 Minuten, ohne Abkühlzeit
Insgesamt: E: 71 g, F: 384 g, Kh: 566 g, kJ: 25073, kcal: 5987 | **Für Gäste**

Für den Rührteig:
400 g Butter
150 g gesiebter Puderzucker
1 Pck. Dr. Oetker Vanillin-Zucker
1 Prise Salz
1 Ei (Größe M)
1 Eiweiß (Größe M)
abgeriebene Schale von ½ Bio-Zitrone (unbehandelt)
2 Tropfen Bittermandel-Aroma
500 g Weizenmehl

Für die Füllung:
etwa 150 g Marzipan-Rohmasse
4 EL Orangenlikör

Für den Guss:
50 g Zartbitter-Kuvertüre
50 g dunkle Kuchenglasur

1 Für den Teig Butter zerlassen und wieder etwas fest werden lassen. Die etwas fest gewordene Butter in eine Rührschüssel geben und Puderzucker, Vanillin-Zucker und Salz hinzufügen. Die Zutaten mit Handrührgerät mit Rührbesen auf höchster Stufe schaumig schlagen.

2 Ei, Eiweiß, Zitronenschale und Aroma unterrühren. Mehl sieben und in 2–3 Portionen auf mittlerer Stufe unterrühren.

3 Den Teig mit 2 Teelöffeln in Häufchen auf Backbleche (mit Backpapier belegt) setzen, dabei genügend Abstand zwischen den Teighäufchen lassen. Die Backbleche nacheinander (bei Heißluft zusammen) in den vorgeheizten Backofen schieben.

Ober-/Unterhitze: 180–200 °C
Heißluft: 160–180 °C
Backzeit: 12–15 Minuten je Backblech.

4 Die Sandtropfen mit dem Backpapier von den Backblechen auf Kuchenroste ziehen, Sandtropfen erkalten lassen.

5 Für die Füllung Marzipan-Rohmasse in Stücke schneiden, in eine Rührschüssel geben und mit dem Likör geschmeidig rühren. Die Hälfte der Plätzchen auf der Unterseite damit bestreichen und mit je einem Plätzchen belegen, leicht andrücken.

6 Für den Guss Kuvertüre in Stücke hacken und mit der Kuchenglasur in einem kleinen Topf im Wasserbad bei schwacher Hitze unter Rühren schmelzen. Die Sandtropfen jeweils mit einem Ende hineintauchen, auf Backpapier legen und den Guss fest werden lassen.

Punschherzen

Zubereitungszeit: 100 Minuten, ohne Abkühl- und Trockenzeit
Insgesamt: E: 54 g, F: 125 g, Kh: 470 g, kJ: 14643, kcal: 3498 | **Mit Alkohol**

Für den Knetteig:
250 g Weizenmehl
1 TL Dr. Oetker Backin
75 g Zucker
1 Pck. Dr. Oetker Vanillin-Zucker
1/2 Pck. Dr. Oetker Finesse Orangenfrucht
2 Eier (Größe M)
100 g Butter
50 g abgezogene, gemahlene Mandeln

Für die Punschfüllung:
250 ml (1/4 l) Rotwein
100 g Zucker
1 Beutel Glühwein-Gewürz
2 TL Speisestärke
4 EL Rotwein

Für den Guss:
75 g gesiebter Puderzucker
etwa 2 TL Rum

2 geh. TL Johannisbeergelee

1 Für den Teig Mehl mit Backpulver mischen und in eine Rührschüssel sieben. Zucker, Vanillin-Zucker, Orangenfrucht, Eier, Butter und Mandeln hinzufügen und die Zutaten mit Handrührgerät mit Knethaken zunächst kurz auf niedrigster, dann auf höchster Stufe gut durcharbeiten.

2 Anschließend auf der bemehlten Arbeitsfläche zu einem glatten Teig verkneten. Sollte er kleben, ihn in Folie gewickelt eine Zeit lang kalt stellen.

3 Den Teig auf der leicht bemehlten Arbeitsfläche portionsweise dünn ausrollen, mit einem Ausstecher Herzen ausstechen und auf Backbleche (mit Backpapier belegt) legen. Die Backbleche nacheinander (bei Heißluft zusammen) in den vorgeheizten Backofen schieben.

Ober-/Unterhitze: etwa 180 °C
Heißluft: etwa 160 °C
Backzeit: etwa 10 Minuten je Backblech.

4 Die Herzen mit dem Backpapier von den Backblechen auf Kuchenroste ziehen. Herzen erkalten lassen.

5 Für die Füllung Rotwein und Zucker in einem kleinen Topf zum Kochen bringen und 3–4 Minuten kochen lassen. Gewürzbeutel hinzugeben und eine Zeit lang darin ziehen lassen. Beutel herausnehmen. Speisestärke mit Rotwein anrühren. Angerührte Speisestärke unter Rühren in den von der Kochstelle genommenen Rotwein geben und kurz aufkochen lassen. Den Topf von der Kochstelle nehmen und Punsch abkühlen lassen.

6 Die Hälfte der Herzen auf der Unterseite mit der Punschfüllung bestreichen und mit jeweils 1 Herz zusammensetzen.

7 Für den Guss Puderzucker mit Rum zu einer dickflüssigen Masse verrühren und die Oberflächen der Herzen damit bestreichen.

8 Johannisbeergelee in einem Topf unter Rühren erwärmen. Jeweils einige Tropfen davon auf den noch feuchten Puderzuckerguss geben und mit einem Holzstäbchen so durchziehen, dass ein Marmormuster entsteht. Den Guss trocknen lassen.

Edle Williamsplätzchen

Zubereitungszeit: 90 Minuten, ohne Abkühlzeit
Insgesamt: E: 29 g, F: 209 g, Kh: 392 g, kJ: 15410, kcal: 3694 | **Mit Alkohol**

Für den Knetteig:
175 g Weizenmehl
1 Msp. Dr. Oetker Backin
40 g Zucker
1 Pck. Dr. Oetker Vanillin-Zucker
1 Prise Salz
2 EL Milch
100 g Butter

Zum Bestreichen:
2 EL Aprikosenkonfitüre

Für den Belag:
200 g Vollmilch-Kuvertüre
65 g Butter
2 EL gesiebter Puderzucker
2 EL Birnengeist

Für die Füllung:
4 EL gesiebter Puderzucker
2–3 EL Birnengeist

1 Für den Teig Mehl mit Backpulver mischen und in eine Rührschüssel sieben. Zucker, Vanillin-Zucker, Salz, Milch und Butter hinzufügen und die Zutaten mit Handrührgerät mit Knethaken zunächst kurz auf niedrigster, dann auf höchster Stufe gut durcharbeiten.

2 Anschließend auf der bemehlten Arbeitsfläche zu einem glatten Teig verkneten. Sollte er kleben, ihn in Folie gewickelt eine Zeit lang kalt stellen.

3 Den Teig auf der bemehlten Arbeitsfläche ausrollen, runde Plätzchen (Ø 4 cm) ausstechen und auf ein Backblech (mit Backpapier belegt) legen. Das Backblech in den vorgeheizten Backofen schieben.

Ober-/Unterhitze: etwa 180 °C
Heißluft: etwa 160 °C
Backzeit: etwa 10 Minuten.

4 Die Plätzchen mit dem Backpapier von dem Backblech auf einen Kuchenrost ziehen. Plätzchen erkalten lassen.

5 Die Aprikosenkonfitüre durch ein Sieb streichen und die Plätzchen damit bestreichen.

6 Für den Belag Kuvertüre in Stücke hacken, in einem kleinen Topf im Wasserbad schmelzen und etwas abkühlen lassen. Kuvertüre, Butter, Puderzucker und Birnengeist mit Handrührgerät mit Rührbesen aufschlagen. Die Masse in einen Spritzbeutel mit Lochtülle füllen und als Ringe auf die Plätzchen spritzen.

7 Für die Füllung gesiebten Puderzucker mit Birnengeist glatt rühren, die Glasur in die Mitte der Ringe füllen und fest werden lassen. Plätzchen kühl und trocken aufbewahren.

Tipp

Die Plätzchen halten sich in gut schließenden Dosen etwa 3 Wochen.

Gefüllte Mandelzungen

Zubereitungszeit: 45 Minuten, ohne Trockenzeit
Insgesamt: E: 87 g, F: 238 g, Kh: 446 g, kJ: 18696, kcal: 4466 | **Für Gäste**

Für die Eiweißmasse:
6 Eiweiß (Größe M)
250 g Zucker
60 g Weizenmehl
10 g Kakaopulver
200 g nicht abgezogene, gemahlene Mandeln
60 g zerlassene, abgekühlte Butter

Für die Füllung:
etwa 150 g dunkler Nuss-Nougat

Für den Guss:
100 g Zartbitter-Kuvertüre
1 TL Speiseöl

1 Für die Eiweißmasse Eiweiß in einer Rührschüssel mit Handrührgerät mit Rührbesen so steif schlagen, dass ein Messerschnitt sichtbar bleibt. Nach und nach Zucker unterschlagen.

2 Mehl mit Kakao mischen, auf das steif geschlagene Eiweiß sieben und vorsichtig auf niedrigster Stufe unterheben. Mandeln und Butter unterrühren.

3 Die Mandelmasse in einen Spritzbeutel mit Lochtülle füllen und jeweils 2 dicht nebeneinander liegende Streifen (3–4 cm lang) auf ein Backblech (gefettet, mit Backpapier belegt) spritzen. Das Backblech in den vorgeheizten Backofen schieben.

Ober-/Unterhitze: etwa 180 °C
Heißluft: etwa 160 °C
Backzeit: etwa 12 Minuten.

4 Das Gebäck mit dem Backpapier vom Backblech auf einen Kuchenrost ziehen und erkalten lassen.

5 Für die Füllung Nuss-Nougat in einem kleinen Topf im Wasserbad bei schwacher Hitze zu einer geschmeidigen Masse verrühren. Die Hälfte der Zungen auf der Unterseite damit bestreichen und mit den übrigen Zungen bedecken.

6 Für den Guss Kuvertüre zerkleinern und mit dem Speiseöl in einem kleinen Topf im Wasserbad bei schwacher Hitze zu einer geschmeidigen Masse verrühren. Die Plätzchen mit den Enden hineintauchen und auf Backpapier trocknen lassen.

Tipp

Anstelle der Mandeln können auch gemahlene Haselnusskerne verwendet werden. In gut schließenden Dosen aufbewahrt, sind die Mandelzungen etwa 2 Wochen haltbar.

Braune Weihnachtsplätzchen

Zubereitungszeit: 40 Minuten, ohne Kühlzeit
Insgesamt: E: 58 g, F: 146 g, Kh: 692 g, kJ: 18147, kcal: 3694 | **Klassisch**

Für den Lebkuchenteig:
250 g flüssiger Honig
125 g Zucker
1 Prise Salz
65 g Butter oder Margarine
65 g Schweineschmalz
1 EL Milch
5 Tropfen Zitronen-Aroma
1 gestr. TL gemahlener Kardamom
1 gestr. TL gemahlener Zimt
500 g Weizenmehl
3 TL Dr. Oetker Backin
30 g gemahlene Haselnusskerne

Zum Bestreichen:
Kondensmilch

1 Für den Teig Honig mit Zucker, Salz, Butter oder Margarine, Schweineschmalz und Milch in einem Topf unter Rühren langsam erwärmen, bis Zucker und Fett geschmolzen sind, in eine Rührschüssel geben und kalt stellen.

2 Unter die fast erkaltete Masse mit Handrührgerät mit Rührbesen auf höchster Stufe Aroma, Kardamom und Zimt rühren.

3 Mehl mit Backpulver mischen, sieben. Zwei Drittel davon in 2 Portionen auf mittlerer Stufe unterrühren. Restliches Mehlgemisch mit den Haselnusskernen auf einer bemehlten Arbeitsfläche unterarbeiten. Sollte der Teig kleben, noch etwas Mehl hinzugeben. Eventuell den Teig in Frischhaltefolie gewickelt eine Zeit lang kalt stellen.

4 Den Teig portionsweise auf der bemehlten Arbeitsfläche dünn ausrollen, mit verschiedenen Ausstechformen Sterne, Tannenbäume oder Pilze ausstechen. Die Teigplätzchen auf Backbleche (gefettet, mit Backpapier belegt) legen und dünn mit Kondensmilch bestreichen. Die Backbleche nacheinander (bei Heißluft zusammen) in den vorgeheizten Backofen schieben.

Ober-/Unterhitze: 180–200 °C
Heißluft: 160–180 °C
Backzeit: 8–10 Minuten je Backblech.

5 Die Plätzchen mit dem Backpapier von den Backblechen auf Kuchenroste ziehen und erkalten lassen.

Tipp

Teigplätzchen nach Belieben vor dem Backen mit abgezogenen, gehackten Mandeln oder gehackten Haselnusskernen bestreuen.

Florentiner mit Mandeln

Zubereitungszeit: 60 Minuten, ohne Abkühlzeit
Insgesamt: E: 71 g, F: 377 g, Kh: 296 g, kJ: 21286, kcal: 5086 | **Klassisch**

Zum Vorbereiten:
50 g Orangeat
50 g Zitronat (Sukkade)

Zum Karamellisieren:
100 g Butter
100 g Zucker
3 EL flüssiger Honig
250 g Schlagsahne
250 g abgezogene, gehobelte Mandeln
50 g gehobelte Haselnusskerne

Für den Guss:
100 g Zartbitter-Schokolade
20 g Kokosfett

1 Orangeat und Zitronat sehr fein hacken.

2 Zum Karamellisieren Butter, Zucker und Honig in einem Topf zerlassen, erhitzen und etwa 5 Minuten bräunen lassen. Sahne hinzufügen und so lange rühren, bis der Zucker gelöst ist. Orangeat, Zitronat, Mandeln und Haselnüsse hinzufügen. Die Masse bei schwacher Hitze köcheln lassen, bis sie gebunden ist.

3 Von der Masse mit 2 Teelöffeln Häufchen in Abständen auf ein Backblech (gefettet, mit Backpapier belegt) setzen und in den vorgeheizten Backofen schieben.

Ober-/Unterhitze: 180–200 °C
Heißluft: 160–180 °C
Backzeit: etwa 10 Minuten.

4 Florentiner aus dem Backofen nehmen, evtl. mit großen, runden Ausstechförmchen nachformen und vom Backpapier lösen.

5 Für den Guss Schokolade in kleine Stücke brechen und mit dem Kokosfett in einem kleinen Topf im Wasserbad bei schwacher Hitze geschmeidig rühren.

6 Den Guss mit einem Pinsel auf die Unterseite der erkalteten Florentiner auftragen und fest werden lassen.

Grießplätzchen

Zubereitungszeit: 50 Minuten, ohne Kühlzeit
Insgesamt: E: 32 g, F: 50 g, Kh: 308 g, kJ: 7649, kcal: 1829 **| Für Kinder**

Für den Knetteig:
125 g Weizenmehl
2 1/2 TL Dr. Oetker Backin
125 g Zucker
125 g Hartweizengrieß
1 großes Ei (Größe L)
50 g Butter oder Margarine

Abwandlung

Unter eine Teighälfte 1 Esslöffel Anissamen, unter die andere Hälfte 1 Päckchen Dr. Oetker Finesse Geriebene Zitronenschale rühren.

1 Für den Teig Mehl mit Backpulver mischen und in eine Rührschüssel sieben. Zucker, Grieß, Ei und Butter oder Margarine hinzufügen und die Zutaten mit Handrührgerät mit Knethaken auf höchster Stufe gut durcharbeiten.

2 Anschließend auf der leicht bemehlten Arbeitsfläche zu einem glatten Teig verkneten. Sollte er kleben, ihn in Folie gewickelt eine Zeit lang kalt stellen.

3 Aus dem Teig mit angefeuchteten Händen walnussgroße Kugeln formen und auf ein Backblech (mit Backpapier belegt) legen. Das Backblech in den vorgeheizten Backofen schieben.

Ober-/Unterhitze: etwa 180 °C
Heißluft: etwa 160 °C
Backzeit: etwa 15 Minuten.

4 Die Plätzchen mit dem Backpapier vom Backblech auf einen Kuchenrost ziehen. Plätzchen abkühlen lassen.

Crème-fraîche-Taler

Zubereitungszeit: 25 Minuten, ohne Kühlzeit
Insgesamt: E: 37 g, F: 219 g, Kh: 246 g, kJ: 12942, kcal: 3097 | **Schnell**

Für den Knetteig:
250 g Weizenmehl
200 g Butter oder Margarine
1 Becher (150 g) Crème fraîche

Zum Bestreichen und Bestreuen:
3–4 EL Kondensmilch
etwa 50 g Hagelzucker oder Zimtzucker

1 Für den Teig Mehl in eine Rührschüssel sieben. Butter oder Margarine und Crème fraîche hinzufügen und die Zutaten mit Handrührgerät mit Rührbesen zunächst kurz auf niedrigster, dann auf höchster Stufe gut durcharbeiten.

2 Anschließend auf der bemehlten Arbeitsfläche zu einem glatten Teig verarbeiten. Den Teig zu Rollen (Ø etwa 2,5 cm) formen und in Frischhaltefolie gewickelt einige Stunden oder über Nacht kalt stellen.

3 Teigrollen in knapp $^1/_2$ cm dicke Scheiben schneiden und auf Backbleche (mit Backpapier belegt) legen. Teigscheiben mit Kondensmilch bestreichen und mit Hagelzucker oder Zimtzucker bestreuen.

4 Die Backbleche nacheinander (bei Heißluft zusammen) in den vorgeheizten Backofen schieben.

Ober-/Unterhitze: etwa 200 °C
Heißluft: etwa 180 °C
Backzeit: etwa 12 Minuten je Backblech.

5 Die Crème-fraîche-Taler mit dem Backpapier von den Backblechen auf Kuchenroste ziehen. Crème-fraîche-Taler erkalten lassen.

Abwandlung

Für eine pikante Variante die Teigtaler statt mit Zucker mit geraspeltem Käse, Salz oder Mohn bestreuen.

Tipp

Die Teigrollen nach Belieben in Zucker wälzen, kalt stellen und in Scheiben schneiden.

Bethmännchen

Zubereitungszeit: etwa 45 Minuten, ohne Trockenzeit
Insgesamt: E: 58 g, F: 140 g, Kh: 145 g, kJ: 9365, kcal: 2236 | **Zum Verschenken**

Für den Teig:
125 g Puderzucker
1 Eiweiß (Größe M)
200 g abgezogene, gemahlene Mandeln
1 TL Speisestärke

Zum Bestreichen und Belegen:
1 Eigelb (Größe M)
2 EL Wasser
50 g abgezogene, halbierte Mandeln
etwas Milch

1 Für den Teig Puderzucker sieben. Eiweiß mit Handrührgerät mit Rührbesen steif schlagen. Mandeln mit Puderzucker und Speisestärke mischen und kurz unterrühren. Aus der Masse 30 walnussgroße Kugeln formen. Eigelb mit Wasser verquirlen und die Bethmännchen mit einem Backpinsel damit bestreichen.

2 An jede Kugel 3 Mandelhälften drücken, so dass die Kugeln leicht spitz nach oben zulaufen. Die Bethmännchen auf ein Backblech (mit Backpapier belegt) setzen und über Nacht trocknen lassen.

3 Die Bethmännchen mit etwas Milch bestreichen. Das Backblech auf mittlerer Einschubleiste in den vorgeheizten Backofen schieben.

Ober-/Unterhitze: etwa 180 °C
Heißluft: etwa 160 °C
Backzeit: 15 Minuten.

4 Die Bethmännchen mit dem Backpapier vom Backblech ziehen und auf einem Kuchenrost erkalten lassen.

Tipp

Nach Belieben zusätzlich 1 Esslöffel Rosenwasser (aus der Apotheke) in die Masse geben. Verwenden Sie für die Bethmännchen gekaufte gemahlene Mandeln, da selbst gemahlene Mandeln nicht fein genug sind und zu viel Fett in die Masse bringen, so dass die Bethmännchen breit laufen. Die Bethmännchen in gut schließenden Dosen aufbewahren.

Bärentatzen

Zubereitungszeit: 35 Minuten
Insgesamt: E: 58 g, F: 232 g, Kh: 319 g, kJ: 15612, kcal: 3730 | **Schnell**

Für den Rührteig:
150 g weiche Butter oder Margarine
150 g Zucker
1 Pck. Dr. Oetker Finesse Jamaika-Rum-Aroma
3 Eier (Größe M)
125 g Weizenmehl
2 TL Dr. Oetker Backin
50 g geriebene Zartbitter-Schokolade
50 g nicht abgezogene, gemahlene Mandeln
1 TL gemahlener Zimt

Für den Guss:
100 g Zartbitter-Schokolade
1 EL Speiseöl

1 Für den Teig Butter oder Margarine mit Handrührgerät mit Rührbesen auf höchster Stufe geschmeidig rühren. Nach und nach Zucker und Aroma unterrühren und so lange rühren, bis eine gebundene Masse entstanden ist.

2 Eier nach und nach unterrühren (jedes Ei etwa $^1/_2$ Minute). Mehl mit Backpulver mischen, sieben und abwechselnd portionsweise mit Schokolade, Mandeln und Zimt auf mittlerer Stufe unterrühren.

3 Den Teig in Bärentatzen-Formen (gefettet, bemehlt) geben und auf dem Rost in den vorgeheizten Backofen schieben.

Ober-/Unterhitze: etwa 180 °C
Heißluft: etwa 160 °C
Backzeit: 15–20 Minuten.

4 Die Bärentatzen 10 Minuten in der Form stehen lassen, vorsichtig lösen, stürzen und auf einem Kuchenrost erkalten lassen.

5 Für den Guss Schokolade in Stücke brechen und mit Öl in einem kleinen Topf im Wasserbad auflösen, die Tatzen mit den Enden hineintauchen und auf Backpapier trocknen lassen.

Gewürzprinten

Zubereitungszeit: 60 Minuten, ohne Kühl- und Durchziehzeit
Insgesamt: E: 29 g, F: 45 g, Kh: 379 g, kJ: 8747, kcal: 2090 | **Gut vorzubereiten**

Für den Teig:
125 g Zuckerrübensirup
50 g Zucker
50 g Butter oder Margarine
2 EL Milch oder Wasser
50 g gestoßener, brauner Kandis (Grümmel)
3 Tropfen Zitronen-Aroma
1 Pck. Dr. Oetker Finesse Weihnachts-Aroma
250 g Weizenmehl
3 TL Dr. Oetker Backin

Für den Belag:
100 g enthäutete Haselnusskerne
100 g abgezogene, ganze Mandeln

1 Für den Teig Sirup mit Zucker, Butter oder Margarine und Milch oder Wasser langsam erwärmen, zerlassen, in eine Rührschüssel geben und kalt stellen.

2 Kandiszucker mit Zitronen- und Weihnachts-Aroma unter die fast erkaltete Masse rühren.

3 Mehl mit Backpulver mischen, sieben und zwei Drittel davon portionsweise auf mittlerer Stufe unterrühren, den Rest des Mehlgemisches auf der Arbeitsfläche unterkneten. Sollte der Teig kleben, ihn in Folie gewickelt eine Zeit lang kalt stellen.

4 Den Teig etwa $^1/_2$ cm dick ausrollen, Rechtecke von etwa 2,5 x 7 cm daraus schneiden und auf ein Backblech (mit Backpapier belegt) legen. Haselnüsse und Mandeln auf die Teigstücke legen. Das Backblech in den vorgeheizten Backofen schieben.

Ober-/Unterhitze: etwa 200 °C
Heißluft: etwa 180 °C
Backzeit: etwa 12 Minuten.

5 Die Printen lösen, auf einen Kuchenrost legen und erkalten lassen. Vor dem Verzehr einige Tage durchziehen lassen.

Tipp

150–200 g dunkle Zartbitter-Kuvertüre in einem kleinen Topf im Wasserbad bei schwacher Hitze zu einer geschmeidigen Masse verrühren und die erkalteten Printen damit überziehen.

Glühwein-Dreispitze

Zubereitungszeit: 25 Minuten, ohne Abkühlzeit
Insgesamt: E: 83 g, F: 332 g, Kh: 709 g, kJ: 26181, kcal: 6256 | **Mit Alkohol**

Für den Rührteig:
250 g weiche Butter oder Margarine
250 g Zucker
1 Pck. Dr. Oetker Vanillin-Zucker
4 Eier (Größe M)
250 g Weizenmehl
1 Pck. Dr. Oetker Backin
125 ml (1/8 l) Glühwein
100 g geriebene Zartbitter-Schokolade

Für die Glasur:
200 g gesiebter Puderzucker
3–4 EL Glühwein

Zum Bestreuen:
120 g abgezogene, gehackte, geröstete Mandeln

1 Für den Teig Butter oder Margarine in einer Rührschüssel mit Handrührgerät mit Rührbesen auf höchster Stufe geschmeidig rühren. Nach und nach Zucker und Vanillin-Zucker unterrühren und so lange rühren, bis eine gebundene Masse entstanden ist.

2 Eier nach und nach unterrühren (jedes Ei etwa 1/2 Minute). Mehl mit Backpulver mischen, sieben und abwechselnd in 2 Portionen mit dem Glühwein auf mittlerer Stufe unterrühren. Zuletzt geriebene Schokolade unterheben.

3 Den Teig auf ein Backblech (30 x 40 cm, gefettet, mit Backpapier belegt) geben und glatt streichen. Das Backblech in den vorgeheizten Backofen schieben.

Ober-/Unterhitze: etwa 200 °C
Heißluft: etwa 180 °C
Backzeit: etwa 25 Minuten.

4 Das Gebäck mit dem Backpapier vom Backblech auf einen Kuchenrost ziehen. Gebäck etwas abkühlen lassen.

5 Für die Glasur Puderzucker mit Glühwein zu einer dickflüssigen Masse verrühren. Das noch warme Gebäck damit bestreichen und mit Mandeln bestreuen. Guss trocknen lassen.

6 Das Gebäck mit einem scharfen Messer in Dreiecke schneiden.

Abwandlung

Unter den Teig zusätzlich 20 g Kakaopulver und 75 g Korinthen rühren. Die erkalteten Glühwein-Dreispitze noch zusätzlich mit 250 g geschlagener Sahne garnieren. Schokolade vor dem Reiben etwa 30 Minuten im Gefrierfach anfrieren lassen.

Katzenzungen

Zubereitungszeit: 45 Minuten, ohne Abkühlzeit
Insgesamt: E: 47 g, F: 195 g, Kh: 392 g, kJ: 15007, kcal: 3586 | **Für Kinder**

Für den Teig:
150 g weiche Butter
150 g Zucker
1 Pck. Dr. Oetker Vanillin-Zucker
150 g Weizenmehl
5 Eiweiß (Größe M)
1 EL gesiebter Puderzucker

Für den Guss:
200 g Zartbitter-Kuvertüre

1 Für den Teig Butter mit Handrührgerät mit Rührbesen auf höchster Stufe geschmeidig rühren. Nach und nach Zucker und Vanillin-Zucker unterrühren und so lange rühren, bis eine gebundene Masse entstanden ist.

2 Mehl sieben und portionsweise auf mittlerer Stufe unterrühren. Eiweiß steif schlagen, nach und nach Puderzucker unterrühren und unterheben. Den Teig in einen Spritzbeutel mit Lochtülle füllen und in 5 cm großen Abständen 6 cm lange Stangen auf ein Backblech (gefettet, mit Backpapier belegt) spritzen. Das Backblech in den vorgeheizten Backofen schieben.

Ober-/Unterhitze: etwa 180 °C
Heißluft: etwa 160 °C
Backzeit: etwa 10 Minuten.

3 Gebäck mit dem Backpapier vom Backblech ziehen und auf einem Kuchenrost erkalten lassen.

4 Für den Guss Kuvertüre in kleine Stücke hacken und in einem kleinen Topf im Wasserbad bei schwacher Hitze zu einer geschmeidige Masse verrühren. Gebäckstangen zur Hälfte eintauchen und Kuvertüre auf einem Kuchenrost fest werden lassen.

Orangenmakronen

Zubereitungszeit: 50 Minuten, ohne Abkühlzeit
Insgesamt: E: 56 g, F: 118 g, Kh: 224 g, kJ: 9114, kcal: 2177 | **Preiswert**

Für die Eiweißmasse:
3 Eiweiß (Größe M)
150 g feinkörniger Zucker
1 Pck. Dr. Oetker Vanillin-Zucker
abgeriebene Schale von 1 Bio-Orange (unbehandelt) oder 1 Pck. Dr. Oetker Finesse Orangenfrucht
1 EL Orangensaft
200 g abgezogene, gehobelte Mandeln
50 g Semmelbrösel

Zum Verzieren:
25 g Zartbitter-Kuvertüre

1 Für die Eiweißmasse Eiweiß, Zucker und Vanillin-Zucker in eine Schüssel geben und im heißen Wasserbad mit Handrührgerät mit Rührbesen so lange schlagen, bis eine steife Masse entstanden ist. Orangenschale oder -frucht und Orangensaft hinzufügen und weiterschlagen. Die Masse muss so steif sein, dass ein Messerschnitt sichtbar bleibt.

2 Die Schüssel aus dem Wasserbad nehmen und Mandeln und Semmelbrösel vorsichtig unter die Eiweißmasse heben.

3 Die Masse mit 2 Teelöffeln in Häufchen auf Backbleche (mit Backpapier belegt) setzen, dabei genügend Abstand zwischen den Teighäufchen lassen. Die Backbleche nacheinander (bei Heißluft zusammen) in den vorgeheizten Backofen schieben.

Ober-/Unterhitze: etwa 140 °C
Heißluft: etwa 120 °C
Backzeit: etwa 25 Minuten je Backblech.

4 Die Makronen mit dem Backpapier von den Backblechen auf Kuchenroste ziehen (sie müssen innen noch weich sein, da sie während der Abkühlzeit nachtrocknen), Makronen erkalten lassen.

5 Zum Verzieren Kuvertüre in Stücke hacken und in einem kleinen Topf im Wasserbad bei schwacher Hitze unter Rühren schmelzen. Die Makronen damit besprenkeln. Guss trocknen lassen.

Pfeffernüsse mit Guss

Zubereitungszeit: 65 Minuten, ohne Kühlzeit
Insgesamt: E: 42 g, F: 25 g, Kh: 547 g, kJ: 10781, kcal: 2574 | **Für Gäste**

Für den Knetteig:
250 g Weizenmehl
1 ½ TL Dr. Oetker Backin
160 g Zucker
1 Pck. Dr. Oetker Finesse Geriebene Zitronenschale
1 Prise Salz
1 Ei (Größe M)
1 TL Dr. Oetker Finesse Weihnachts-Aroma
5 EL Milch
25 g abgezogene, gemahlene Mandeln
25 g sehr fein gewürfeltes Zitronat (Sukkade)

Für den Guss:
175 g gesiebter Puderzucker
etwa 2 EL heißes Wasser

1 Für den Teig Mehl mit Backpulver mischen, in eine Rührschüssel sieben und Zucker, Zitronenschale, Salz, Ei, Aroma, Milch, Mandeln und Zitronat hinzufügen. Die Zutaten mit Handrührgerät mit Rührbesen zunächst kurz auf niedrigster, dann auf höchster Stufe gut durcharbeiten.

2 Anschließend auf der bemehlten Arbeitsfläche zu einem glatten Teig verkneten, zu Rollen (Ø etwa 3 cm) formen und in Frischhaltefolie gewickelt einige Stunden oder über Nacht kalt stellen.

3 Die Teigrollen in etwa 1 cm dicke Scheiben schneiden und auf Backbleche (mit Backpapier belegt) legen (die Teigrollen zwischendurch immer wieder kalt stellen, damit sie sich gut schneiden lassen).

4 Die Backbleche nacheinander (bei Heißluft zusammen) in den vorgeheizten Backofen schieben.

Ober-/Unterhitze: etwa 180 °C
Heißluft: etwa 160 °C
Backzeit: etwa 15 Minuten je Backblech.

5 Die Pfeffernüsse mit dem Backpapier von den Backblechen auf Kuchenroste ziehen, Pfeffernüsse erkalten lassen.

6 Für den Guss Puderzucker mit Wasser zu einer dickflüssigen Masse verrühren. Die Pfeffernüsse damit bestreichen und Guss trocknen lassen.

7 Sobald der Guss fest ist, die Pfeffernüsse mit 1 Stück Graubrot (auf Pergament- oder Backpapier gelegt) in einer gut schließenden Blechdose aufbewahren.

Tipp

Teigrollen anfrieren lassen und mit einem scharfen Messer oder mit einer Aufschnittmaschine schneiden.

Spitzkuchen

Zubereitungszeit: 50 Minuten, ohne Abkühlzeit
Insgesamt: E: 68 g, F: 114 g, Kh: 467 g, kJ: 13832, kcal: 3303 | **Gut vorzubereiten**

Für den Teig:
175 g Zuckerrübensirup
50 g Zucker
1 Prise Salz
2–3 EL Speiseöl
1 Ei (Größe M)
1 geh. TL Kakaopulver
6 Tropfen Zitronen-Aroma
1 Msp. gemahlener Piment
1 TL gemahlener Zimt
250 g Weizenmehl
3 TL Dr. Oetker Backin
75 g abgezogene, gehackte Mandeln

Für den Guss:
200 g Zartbitter-Kuvertüre
25 g Kokosfett oder 2 EL Speiseöl

Tipp

Die Spitzkuchen sollten vor dem Verzehr einige Zeit durchziehen. Sie sind etwa 4 Wochen haltbar.

1 Für den Teig Sirup mit Zucker, Salz und Speiseöl in einem Topf unter Rühren langsam erwärmen und zerlassen. Die Masse in eine Rührschüssel geben und kalt stellen.

2 Unter die fast erkaltete Masse mit Handrührgerät mit Rührbesen auf höchster Stufe Ei, Kakao, Aroma, Piment und Zimt rühren.

3 Mehl mit Backpulver mischen, sieben und zwei Drittel davon portionsweise auf mittlerer Stufe unterrühren. Den Teigbrei mit dem restlichen Mehlgemisch und Mandeln auf der Arbeitsfläche zu einem glatten Teig verkneten. Sollte er kleben, ihn in Folie gewickelt eine Zeit lang kalt stellen.

4 Aus dem Teig knapp 2 cm dicke Rollen in der Länge des Backblechs formen, nicht zu dicht nebeneinander auf ein Backblech (gefettet, mit Backpapier belegt) legen und etwas flach drücken. Das Backblech in den vorgeheizten Backofen schieben.

Ober-/Unterhitze: etwa 200 °C
Heißluft: etwa 180 °C
Backzeit: 15–20 Minuten.

5 Die Gebäckrollen mit dem Backpapier vom Backblech auf einen Kuchenrost ziehen und erkalten lassen. Die Gebäckrollen mit einem scharfen Messer in Dreiecke schneiden.

6 Für den Guss Kuvertüre hacken und mit Kokosfett in einem kleinen Topf im Wasserbad bei schwacher Hitze zu einer geschmeidigen Masse verrühren. Die Gebäckdreiecke nach Belieben damit überziehen und auf einen Kuchenrost mit untergelegtem Backpapier oder direkt auf Backpapier setzen. Guss fest werden lassen.

Abwandlung

Bereiten Sie die Spitzkuchen mit gehackten Haselnuss- oder Pekannusskernen zu. Aprikotieren Sie die Rollen sofort nach dem Backen. Streichen Sie etwa 3 Esslöffel Aprikosenkonfitüre durch ein Sieb und kochen Sie sie mit 1 Esslöffel Wasser auf. Nach dem Erkalten wie unter Punkt 6 beschrieben weiter verarbeiten.

Makronenplätzchen

Zubereitungszeit: 50 Minuten
Insgesamt: E: 84 g, F: 235 g, Kh: 449 g, kJ: 17808, kcal: 4255 | **Dauert etwas länger**

Für den Knetteig:
250 g Weizenmehl
½ TL Dr. Oetker Backin
75 g Zucker
1 Pck. Dr. Oetker Vanillin-Zucker
3 Eigelb (Größe M)
125 g Butter oder Margarine

Für den Belag:
3 Eiweiß (Größe M)
175 g Zucker
1 geh. Msp. gemahlener Zimt
200 g abgezogene, gemahlene Mandeln
2 Tropfen Bittermandel-Aroma

1 Für den Teig Mehl mit Backpulver mischen und in eine Rührschüssel sieben. Zucker, Vanillin-Zucker, Eigelb und Butter oder Margarine hinzufügen und die Zutaten mit Handrührgerät mit Knethaken zunächst kurz auf niedrigster, dann auf höchster Stufe gut durcharbeiten.

2 Anschließend auf der bemehlten Arbeitsfläche zu einem glatten Teig verkneten. Sollte er kleben, ihn in Folie gewickelt eine Zeit lang kalt stellen.

3 Den Teig auf der bemehlten Arbeitsfläche dünn ausrollen, mit einer runden, gezackten Form (Ø etwa 4 cm) Plätzchen ausstechen und auf Backbleche (gefettet, mit Backpapier belegt) legen.

4 Für den Belag Eiweiß mit Handrührgerät mit Rührbesen auf höchster Stufe steif schlagen. Der Schnee muss so fest sein, dass ein Messerschnitt sichtbar bleibt. Nach und nach Zucker kurz unterschlagen. Zimt, Mandeln und Aroma vorsichtig unterheben.

5 Die Masse in einen Spritzbeutel mit Sterntülle füllen und je einen Tuff auf die Teigplätzchen spritzen. Die Backbleche nacheinander (bei Heißluft zusammen) in den vorgeheizten Backofen schieben.

Ober-/Unterhitze: etwa 180 °C
Heißluft: etwa 160 °C
Backzeit: etwa 12 Minuten je Backblech.

6 Die Plätzchen mit dem Backpapier von den Backblechen auf Kuchenroste ziehen. Plätzchen erkalten lassen.

Weißweinplätzchen

Zubereitungszeit: 35 Minuten
Insgesamt: E: 27 g, F: 105 g, Kh: 236 g, kJ: 8958, kcal: 2140 | **Einfach**

Für den Knetteig:
250 g Weizenmehl
100 ml Weißwein
125 g Butter

Wasser
Hagelzucker (evtl. mit etwas gemahlenem Zimt gemischt)

Tipp

Wenn das Gebäck mit Eigelbmilch (1 Eigelb mit 1 Esslöffel Milch verquirlen) bestrichen wird, bekommt es etwas mehr Glanz. Die Plätzchen schmecken frisch am besten, sind aber etwa 1 Woche haltbar.

Abwandlung

Für eine herzhafte Variante, zu Wein oder Bier, sehr trockenen Weißwein verwenden und das Gebäck anstelle von Hagelzucker mit Käse oder Gewürzen und Kräutern bestreuen.

1 Für den Teig Mehl in eine Rührschüssel sieben. Weißwein und Butter zugeben und die Zutaten mit Handrührgerät mit Knethaken zu einem glatten Teig verarbeiten.

2 Den Teig portionsweise auf der leicht bemehlten Arbeitsfläche knapp $^1/_2$ cm dick ausrollen. Beliebige Motive ausstechen und auf Backbleche (mit Backpapier belegt) legen, dünn mit Wasser bestreichen und mit Hagelzucker bestreuen. Die Backbleche nacheinander (bei Heißluft zusammen) in den vorgeheizten Backofen schieben.

Ober-/Unterhitze: etwa 200 °C
Heißluft: etwa 180 °C
Backzeit: 12–15 Minuten pro Backblech.

3 Das Gebäck mit dem Backpapier von den Backblechen auf Kuchenroste ziehen und erkalten lassen.

Kulleraugen

Zubereitungszeit: etwa 40 Minuten, ohne Kühlzeit
Insgesamt: E: 57 g, F: 187 g, Kh: 404 g, kJ: 14865, kcal: 3553 | **Raffiniert**

Für den Knetteig:
250 g Weizenmehl
1 TL Dr. Oetker Backin
100 g Zucker
1 Pck. Dr. Oetker Vanillin-Zucker
1 Prise Salz
3 Eigelb (Größe M)
150 g Butter oder Margarine

2 Eiweiß zum Bestreichen

75 g abgezogene, gehackte Mandeln

Für die Füllung:
6 EL rotes Gelee
1 EL Wasser

1 Für den Teig Mehl mit Backpulver mischen und in eine Rührschüssel sieben. Zucker, Vanillin-Zucker, Salz, Eigelb und Butter oder Margarine hinzufügen und die Zutaten mit Handrührgerät mit Knethaken zunächst kurz auf niedrigster, dann auf höchster Stufe gut durcharbeiten.

2 Anschließend auf der bemehlten Arbeitsfläche zu einem glatten Teig verkneten und 7 etwa 40 cm lange Rollen daraus formen. Die Teigrollen in Frischhaltefolie gewickelt 1–2 Stunden kalt stellen.

3 Teigrollen mit einem scharfen Messer in etwa 2 cm dicke Scheiben schneiden und jeweils zu einer Kugel formen.

4 Eiweiß verschlagen. Die Teigkugeln mit 2 Gabeln in das Eiweiß tauchen, dann in die Mandeln drücken und auf Backbleche (mit Backpapier belegt) legen. In jede Kugel mit einem Rührlöffelstiel eine Vertiefung drücken. Die Backbleche nacheinander (bei Heißluft zusammen) in den vorgeheizten Backofen schieben.

Ober-/Unterhitze: etwa 180 °C
Heißluft: etwa 160 °C
Backzeit: etwa 15 Minuten je Backblech.

5 Die Kulleraugen mit dem Backpapier von den Backblechen auf Kuchenroste ziehen. Kulleraugen erkalten lassen.

6 Für die Füllung Gelee mit Wasser in einem kleinen Topf unter Rühren aufkochen lassen. Die Geleemasse mit einem Teelöffel in die Vertiefungen füllen.

Tipp

Als Gelee eignet sich am besten Johannisbeer- oder Himbeergelee. Sie können die Kulleraugen aber auch mit gelber Konfitüre, die vorher durch ein Sieb gestrichen wurde, füllen. Sollte das Gelee zu fest werden, dann nochmals erwärmen.

Spekulatius

Zubereitungszeit: 80 Minuten, ohne Kühlzeit
Insgesamt: E: 45 g, F: 118 g, Kh: 323 g, kJ: 11057, kcal: 2642 | **Klassisch**

Für den Knetteig:
250 g Weizenmehl
1 TL Dr. Oetker Backin
125 g Zucker
1 Pck. Dr. Oetker Vanillin-Zucker
2 Tropfen Bittermandel-Aroma
1 TL Dr. Oetker Finesse Weihnachts-Aroma
1 Prise Salz
1 Ei (Größe M)
100 g Butter oder Margarine
50 g abgezogene, gemahlene Mandeln oder Haselnusskerne

1 Für den Teig Mehl mit Backpulver mischen und in eine Rührschüssel sieben. Zucker, Vanillin-Zucker, Aroma, Salz, Ei und Butter oder Margarine hinzufügen und die Zutaten mit Handrührgerät mit Knethaken zunächst kurz auf niedrigster, dann auf höchster Stufe gut durcharbeiten. Mandeln oder Haselnusskerne unterarbeiten.

2 Anschließend auf der bemehlten Arbeitsfläche zu einem glatten Teig verkneten. Sollte er kleben, ihn in Folie gewickelt eine Zeit lang kalt stellen.

3 Den Teig auf der bemehlten Arbeitsfläche dünn ausrollen, mit beliebigen Formen (z. B. Tierformen) Motive ausstechen und auf Backbleche (mit Backpapier belegt) legen. Werden Holzmodel benutzt, den Teig in die gut bemehlten Model drücken und den überstehenden Teig abschneiden. Die Teigspekulatius aus den Modeln schlagen und auf Backbleche (mit Backpapier belegt) legen. Die Backbleche nacheinander (bei Heißluft zusammen) in den vorgeheizten Backofen schieben.

Ober-/Unterhitze: 180–200 °C
Heißluft: 160–180 °C
Backzeit: etwa 10 Minuten je Backblech.

4 Die Spekulatius vom Backblech lösen und auf einem Kuchenrost erkalten lassen.

Nussecken

Zubereitungszeit: 65 Minuten, ohne Abkühlzeit
Insgesamt: E: 94 g, F: 474 g, Kh: 599 g, kJ: 30398, kcal: 7260 | **Beliebt**

Für den Knetteig:
225 g Weizenmehl
1 TL Dr. Oetker Backin
100 g Zucker
1 Pck. Dr. Oetker Vanillin-Zucker
1 Ei (Größe M)
1 Eigelb (Größe M)
100 g Butter oder Margarine

Zum Bestreichen:
3 EL Aprikosenkonfitüre

Für den Belag:
150 g Butter
150 g Zucker
2 Pck. Dr. Oetker Vanillin-Zucker
3 EL Wasser
100 g gemahlene Haselnusskerne
200 g gehobelte Haselnusskerne

Für den Guss:
200 g Zartbitter-Schokolade

1 Für den Teig Mehl mit Backpulver mischen und in eine Rührschüssel sieben. Zucker, Vanillin-Zucker, Ei, Eigelb und Butter oder Margarine hinzufügen und die Zutaten mit Handrührgerät mit Knethaken zunächst kurz auf niedrigster, dann auf höchster Stufe zu einem Teig verarbeiten.

2 Anschließend auf der bemehlten Arbeitsfläche zu einem glatten Teig verkneten. Sollte er kleben, ihn in Folie gewickelt eine Zeit lang kalt stellen.

3 Den Teig auf einem Backblech (30 x 40 cm, gefettet) ausrollen und mit Konfitüre bestreichen.

4 Für den Belag Butter mit Zucker, Vanillin-Zucker und Wasser in einem Topf unter Rühren zerlassen. Gemahlene und gehobelte Haselnusskerne unterrühren, etwas abkühlen lassen und die Masse gleichmäßig auf dem bestrichenen Teigboden verteilen. Vor den Teig einen mehrfach geknickten Streifen Alufolie legen, so dass ein Rand entsteht. Das Backblech in den vorgeheizten Backofen schieben.

Ober-/Unterhitze: etwa 180 °C
Heißluft: etwa 160 °C
Backzeit: etwa 25 Minuten.

5 Das Backblech auf einen Kuchenrost stellen. Das Gebäck darauf erkalten lassen, dann in Vierecke (etwa 4 x 4 cm) schneiden und diese diagonal teilen, so dass Dreiecke entstehen.

6 Für den Guss Schokolade in kleine Stücke brechen und in einem kleinen Topf im Wasserbad bei schwacher Hitze schmelzen. Die beiden spitzen Ecken des Gebäcks in den Guss tauchen und auf Backpapier legen. Guss fest werden lassen.

Mohnbusserl

Zubereitungszeit: 25 Minuten
Insgesamt: E: 32 g, F: 42 g, Kh: 168 g, kJ: 4934, kcal: 1178 | **Für Gäste**

Für die Eiweißmasse:
3 Eiweiß (Größe M)
150 g gesiebter Puderzucker
1 Pck. Dr. Oetker Vanillin-Zucker
100 g Mohnsamen
1 TL Dr. Oetker Finesse Orangenfrucht

1 Für die Eiweißmasse Eiweiß mit Handrührgerät mit Rührbesen auf höchster Stufe steif schlagen, der Schnee muss so fest sein, dass ein Messerschnitt sichtbar bleibt. Puderzucker mit Vanillin-Zucker mischen und kurz unterrühren. Mohnsamen und Orangenfrucht kurz unterrühren.

2 Die Masse mit 2 Teelöffeln in Häufchen auf Backbleche (mit Backpapier belegt) setzen, dabei genügend Abstand zwischen den Häufchen lassen.

3 Die Backbleche nacheinander (bei Heißluft zusammen) in den vorgeheizten Backofen schieben.

Ober-/Unterhitze: etwa 180 °C
Heißluft: etwa 160 °C
Backzeit: 12–15 Minuten je Backblech.

4 Die Busserl mit dem Backpapier von den Backblechen auf Kuchenroste ziehen, Busserl erkalten lassen.

Springerle

Zubereitungszeit: 2 Stunden, ohne Trockenzeit
Insgesamt: E: 45 g, F: 17 g, Kh: 411 g, kJ: 8530, kcal: 2038 | **Klassisch**

Für den Rühr-Knet-Teig:
2 Eier (Größe M)
200 g gesiebter Puderzucker
1 Pck. Dr. Oetker Vanillin-Zucker
275 g Weizenmehl
1 Msp. Dr. Oetker Backin

Zum Bestreuen:
Anissamen

1 Für den Teig Eier mit Handrührgerät mit Rührbesen auf höchster Stufe in 1 Minute schaumig schlagen. Puderzucker und Vanillin-Zucker mischen, in 1 Minute einstreuen und noch etwa 2 Minuten schlagen.

2 Mehl und Backpulver mischen, die Hälfte davon auf die Eiercreme sieben und kurz auf niedrigster Stufe unterrühren. Nochmals so viel des Mehlgemisches auf die gleiche Weise unterarbeiten, dass ein fester Brei entsteht.

3 Den Teigbrei auf der bemehlten Arbeitsfläche mit dem restlichen Mehlgemisch verkneten. Sollte er kleben, noch etwas Mehl unterkneten.

4 Den Teig etwa 1 cm dick ausrollen, Rechtecke in der Größe des Backmodels herausschneiden, mit Mehl bestäuben und in den bemehlten Model drücken, sie dann abheben und in die aufgeprägten Rechtecke zerschneiden. Teig-Springerle auf Backbleche (gefettet, mit Anissamen bestreut) legen und in einem mäßig warmen Raum etwa 24 Stunden trocknen lassen (Bleche nicht übereinander stellen).

5 Die Backbleche nacheinander (bei Heißluft zusammen) in den vorgeheizten Backofen schieben.

Ober-/Unterhitze: 120–140 °C
Heißluft: 100–120 °C
Backzeit: etwa 30 Minuten.

6 Da die Oberfläche des Gebäcks weiß bleiben soll, ist es empfehlenswert, nach dem Aufgehen, sobald sich ein kleiner Sockel gebildet hat, ein kaltes Backblech (obere Einschubleiste) in den Backofen zu schieben.

7 Die Springerle nach dem Backen einige Tage offen an der Luft stehen lassen, damit sie weich werden, sie dann in eine gut schließende Blechdose legen.

Haferflocken-Rum-Plätzchen

Zubereitungszeit: 90 Minuten
Insgesamt: E: 46 g, F: 104 g, Kh: 439 g, kJ: 12686, kcal: 3030 | **Mit Alkohol**

Für den Rühr-Knetteig:
100 g weiche Butter oder Margarine
100 g Zucker
1 Pck. Dr. Oetker Vanillin-Zucker
1 Fläschchen Rum-Aroma
1 Ei (Größe M)
100 g Weizenmehl
1 TL Dr. Oetker Backin
200 g Haferflocken

Für den Guss:
125 g gesiebter Puderzucker
2 EL Rum oder Zitronensaft
1 EL Johannisbeergelee

Tipp

Anstelle von 1 Fläschchen Rum-Aroma kann auch 1 Päckchen Jamaica-Rum-Aroma verwendet werden. Haferflocken-Rum-Plätzchen bleiben in einer gut schließenden Dose 3–4 Wochen frisch.

1 Für den Teig Butter oder Margarine mit Handrührgerät mit Rührbesen auf höchster Stufe geschmeidig rühren. Nach und nach Zucker, Vanillin-Zucker und Rum-Aroma unterrühren und so lange rühren, bis eine gebundene Masse entstanden ist. Das Ei unterrühren (etwa ½ Minute).

2 Mehl mit Backpulver mischen, sieben und portionsweise auf mittlerer Stufe unterrühren. Anschließend auf der bemehlten Arbeitsfläche Haferflocken unterkneten. Sollte der Teig kleben, ihn eine Zeit lang kalt stellen.

3 Die Hälfte des Teiges auf der bemehlten Arbeitsfläche dünn ausrollen und mit einer runden Form (Ø etwa 6 cm) 20 Kreise ausstechen. Mit einer sehr kleinen Form oder einer Lochtülle die Mitte der Kreise ausstechen, so dass Ringe entstehen.

4 Die andere Hälfte des Teiges ebenfalls ausrollen und 20 Blätter ausstechen. Die Ringe und Blätter auf Backbleche (gefettet, mit Backpapier belegt) legen und die Backbleche nacheinander (bei Heißluft zusammen) in den vorgeheizten Backofen schieben.

Ober-/Unterhitze: 180–200 °C
Heißluft: 160–180 °C
Backzeit: 10–12 Minuten je Backblech.

5 Die Plätzchen nach dem Backen mit dem Backpapier von den Backblechen auf Kuchenroste ziehen.

6 Für den Guss Puderzucker mit Rum oder Zitronensaft und zum Teil mit glatt gerührtem Johannisbeergelee zu einer dickflüssigen Masse verrühren. Die noch warmen Plätzchen damit bestreichen und erkalten lassen.

Spitzbuben

Zubereitungszeit: 60 Minuten, ohne Abkühlzeit
Insgesamt: E: 68 g, F: 276 g, Kh: 567 g, kJ: 21906, kcal: 5233 **| Für Kinder**

Für den Knetteig:
375 g Weizenmehl
1 TL Dr. Oetker Backin
200 g Zucker
1 Pck. Dr. Oetker Vanillin-Zucker
250 g Butter oder Margarine
125 g nicht abgezogene, gemahlene Mandeln

Für die Füllung:
125 g Johannisbeergelee

1 Für den Teig Mehl mit Backpulver mischen, in eine Rührschüssel sieben und Zucker, Vanillin-Zucker, Butter oder Margarine und Mandeln hinzufügen. Die Zutaten mit Handrührgerät mit Knethaken zunächst kurz auf niedrigster, dann auf höchster Stufe gut durcharbeiten.

2 Anschließend auf der bemehlten Arbeitsfläche zu einem glatten Teig verkneten. Sollte er kleben, ihn in Folie gewickelt eine Zeit lang kalt stellen.

3 Den Teig portionsweise auf der bemehlten Arbeitsfläche dünn ausrollen, runde Plätzchen (Ø etwa 4 cm) ausstechen und auf Backbleche (gefettet, mit Backpapier belegt) legen. Die Backbleche nacheinander (bei Heißluft zusammen) in den vorgeheizten Backofen schieben.

Ober-/Unterhitze: 180–200 °C
Heißluft: 160–180 °C
Backzeit: etwa 10 Minuten je Backblech.

4 Die Plätzchen mit dem Backpapier vom Backblech auf einen Kuchenrost ziehen und erkalten lassen.

5 Die Hälfte der Plätzchen auf der Unterseite mit Johannisbeergelee bestreichen, je ein unbestrichenes Plätzchen darauf legen und gut andrücken.

Kaffee- oder Teeschnitten

Zubereitungszeit: 50 Minuten, ohne Kühlzeit
Insgesamt: E: 54 g, F: 220 g, Kh: 386 g, kJ: 16189, kcal: 3868 | **Einfach**

Für den Knetteig:
375 g Weizenmehl
3 Pck. Dr. Oetker Vanillin-Zucker
150 g Crème fraîche
200 g Butter oder Margarine

Zum Bestreichen:
1 Ei

Zum Bestreuen:
1 Pck. Dr. Oetker Finesse Geriebene Zitronenschale
75 g Zucker

1 Für den Teig Mehl in eine Rührschüssel sieben. Vanillin-Zucker, Crème fraîche und Butter oder Margarine hinzufügen und die Zutaten mit Handrührgerät mit Knethaken zunächst kurz auf niedrigster, dann auf höchster Stufe gut durcharbeiten.

2 Anschließend auf der bemehlten Arbeitsfläche zu einem glatten Teig verkneten. Sollte er kleben, ihn in Folie gewickelt eine Zeit lang kalt stellen.

3 Den Teig etwa ½ cm dick ausrollen und in beliebige Formen, z. B. Vierecke von 3 x 3 cm oder Dreiecke ausrädeln.

4 Zum Bestreichen Ei verschlagen und Teigstücke damit bestreichen.

5 Die Teigstücke auf ein Backblech (mit Backpapier belegt) legen. Zitronenschale und Zucker vermischen und die Teigstücke damit bestreuen. Das Backblech in den vorgeheizten Backofen schieben.

Ober-/Unterhitze: etwa 200 °C
Heißluft: etwa 180 °C
Backzeit: etwa 10 Minuten.

6 Das Gebäck mit dem Backpapier vom Backblech ziehen und auf einem Kuchenrost erkalten lassen.

Shortbread-Scheiben

Zubereitungszeit: 30 Minuten, ohne Kühlzeit
Insgesamt: E: 44 g, F: 182 g, Kh: 399 g, kJ: 14241, kcal: 3401 | **Einfach**

Für den Knetteig:
300 g Weizenmehl
30 g Hartweizengrieß
120 g Zucker
1 Pck. Dr. Oetker Vanillin-Zucker
1/2 TL Salz
2 Eigelb (Größe M)
200 g Butter oder Margarine
2 EL kaltes Wasser

2 EL Zucker

1 Für den Teig Mehl in eine Rührschüssel sieben, restliche Zutaten hinzufügen und mit Handrührgerät mit Knethaken auf höchster Stufe gut durcharbeiten. Anschließend auf der bemehlten Arbeitsfläche zu einem glatten Teig verkneten. Aus dem Teig zwei Rollen (Länge je 25 cm) formen und in Frischhaltefolie gewickelt mindestens 1 Stunde kalt stellen.

2 Die Teigrollen mit Wasser bestreichen und in Zucker wälzen, andrücken. Teigrollen mit einem Sägemesser in etwa 1 cm dicke Scheiben schneiden. Dabei die Rollen immer wieder drehen, damit die Scheiben gleichmäßig abgeschnitten werden.

3 Die Teigscheiben auf Backbleche (mit Backpapier belegt) legen. Nach Belieben mit einer Gabel ein Muster in die Teigscheiben stechen. Die Backbleche nacheinander (bei Heißluft zusammen) in den vorgeheizten Backofen schieben.

Ober-/Unterhitze: etwa 180 °C
Heißluft: etwa 160 °C
Backzeit: 10–15 Minuten je Backblech.

4 Die Backbleche auf Kuchenroste stellen und das Gebäck etwa 5 Minuten auf den Backblechen abkühlen lassen.

5 Dann das Gebäck mit dem Backpapier von den Backblechen auf Kuchenroste ziehen, Gebäck erkalten lassen.

Spritzgebäck

Zubereitungszeit: 60 Minuten
Insgesamt: E: 50 g, F: 262 g, Kh: 443 g, kJ: 18260, kcal: 4364 | **Klassisch**

Für den Rühr-Knetteig:
250 g weiche Butter oder Margarine
175 g Zucker
1 Pck. Dr. Oetker Vanillin-Zucker
1 Prise Salz
350 g Weizenmehl
75 g abgezogene, gemahlene Mandeln
10 g gesiebtes Kakaopulver
10 g Zucker

Tipp

Nach Belieben die Enden der erkalteten Plätzchen in aufgelöste Kuvertüre tauchen.

1 Für den Teig Butter oder Margarine mit Handrührgerät mit Rührbesen auf höchster Stufe geschmeidig rühren. Nach und nach Zucker, Vanillin-Zucker und Salz unterrühren und so lange rühren, bis eine gebundene Masse entstanden ist. Mehl sieben und zwei Drittel davon in 2 Portionen auf mittlerer Stufe unterrühren.

2 Den Teigbrei mit dem restlichen Mehl und den Mandeln auf der Arbeitsfläche zu einem glatten Teig verkneten und zu Rollen formen (knapp $^{1}/_{3}$ des Teiges zurücklassen). Die Hälfte des Teiges in einen Fleischwolf mit Gebäckvorsatz oder in eine Gebäckpresse geben und auf Backbleche (gefettet, mit Backpapier belegt) spritzen.

3 Kakao mit Zucker mischen und unter den restlichen Teig kneten. Jeweils etwas von dem dunklen zusammen mit dem hellen Teig in die Gebäckpresse geben und ebenfalls auf Backbleche (gefettet, mit Backpapier belegt) spritzen. Die Backbleche in den vorgeheizten Backofen schieben.

Ober-/Unterhitze: etwa 200 °C
Heißluft: etwa 180 °C
Backzeit: 15–20 Minuten.

4 Das Gebäck mit dem Backpapier von den Backblechen auf Kuchenroste ziehen. Gebäck erkalten lassen.

Vanillekipferl

Zubereitungszeit: 90 Minuten, ohne Kühlzeit
Insgesamt: E: 61 g, F: 249 g, Kh: 385 g, kJ: 17603, kcal: 4205 | **Klassisch**

Für den Knetteig:
250 g Weizenmehl
1 Msp. Dr. Oetker Backin
125 g Zucker
1 Pck. Dr. Oetker Vanillin-Zucker
3 Eigelb (Größe M)
200 g weiche Butter oder Margarine
125 g abgezogene, gemahlene Mandeln

Zum Wenden:
50 g gesiebter Puderzucker
1 Pck. Dr. Oetker Vanillin-Zucker

1 Für den Teig Mehl mit Backpulver mischen und in eine Rührschüssel sieben. Zucker, Vanillin-Zucker, Eigelb, Butter oder Margarine und Mandeln hinzufügen und die Zutaten mit Handrührgerät mit Knethaken zunächst kurz auf niedrigster, dann auf höchster Stufe gut durcharbeiten.

2 Anschließend auf der leicht bemehlten Arbeitsfläche zu einem glatten Teig verkneten. Sollte er kleben, ihn in Folie gewickelt eine Zeit lang kalt stellen.

3 Aus dem Teig auf der leicht bemehlten Arbeitsfläche etwa daumendicke Rollen formen, gut 2 cm lange Stücke davon abschneiden und diese zu etwa 5 cm langen Rollen formen. Dabei die Enden etwas dünner rollen. Die Teigröllchen leicht gebogen (hörnchenförmig) auf Backbleche (mit Backpapier belegt) legen. Die Backbleche nacheinander (bei Heißluft zusammen) in den vorgeheizten Backofen schieben.

Ober-/Unterhitze: 180–200 °C
Heißluft: 160–180 °C
Backzeit: etwa 10 Minuten je Backblech.

4 Die Kipferl mit dem Backpapier von den Backblechen auf einen Kuchenrost ziehen. Puderzucker mit Vanillin-Zucker mischen, die heißen Kipferl darin wenden und auf einem Kuchenrost erkalten lassen.

Tipp

Die Vanillekipferl halten sich gut verpackt 3–4 Wochen. Verwenden Sie keine selbst abgezogenen und selbst gemahlenen Mandeln, da das Gebäck sonst beim Backen breit läuft, da der Fettgehalt höher ist als bei gekauften Mandeln.

Zedernbrot

Zubereitungszeit: 70 Minuten, ohne Abkühlzeit
Insgesamt: E: 57 g, F: 134 g, Kh: 428 g, kJ: 13791, kcal: 3292 | **Klassisch**

Für den Teig:
2 Eiweiß (Größe M)
250 g Puderzucker
1 Pck. Dr. Oetker Vanillin-Zucker
4 Tropfen Bittermandel-Aroma
½ EL Zitronensaft
½ Pck. Dr. Oetker Finesse Geriebene Zitronenschale
250 g abgezogene, gemahlene Mandeln

Puderzucker zum Ausrollen

Für den Guss:
100 g Puderzucker
1–2 EL Zitronensaft

1 Für den Teig Eiweiß in einer Rührschüssel mit Handrührgerät mit Rührbesen so steif schlagen, dass ein Messerschnitt sichtbar bleibt. Puderzucker sieben, mit Vanillin-Zucker mischen und portionsweise unter den Eischnee rühren. Aroma, Zitronensaft, -schale und die Hälfte der Mandeln unterrühren. Vom Rest der Mandeln so viel unterkneten, dass der Teig kaum noch klebt.

2 Teig auf einer mit Puderzucker bestäubten Arbeitsfläche etwa 1 cm dick ausrollen, Halbmonde ausstechen und auf ein Backblech (mit Backpapier belegt) legen. Backblech in den vorgeheizten Backofen schieben.

Ober-/Unterhitze: 140–160 °C
Heißluft: 120–140 °C
Backzeit: etwa 30 Minuten.

3 Plätzchen mit dem Backpapier vom Backblech auf einen Kuchenrost ziehen und erkalten lassen.

4 Für den Guss Puderzucker sieben, mit Zitronensaft zu einer dickflüssigen, glatten Masse verrühren und die Halbmonde damit bestreichen. Guss fest werden lassen.

Englisches Teegebäck

Zubereitungszeit: 40 Minuten, ohne Kühlzeit
Insgesamt: E: 38 g, F: 245 g, Kh: 348 g, kJ: 15782, kcal: 3773 | **Für Gäste**

Für den Rühr-Knetteig:
100 g Marzipan-Rohmasse
250 g weiche Butter
100 g Rohrzucker (brauner Zucker)
250 g Weizenmehl

Zum Bestreuen:
Rohrzucker oder Zucker

1 Für den Teig Marzipan-Rohmasse in kleine Stücke schneiden und in eine Rührschüssel geben. Butter hinzufügen und mit Handrührgerät mit Rührbesen auf höchster Stufe geschmeidig rühren. Rohrzucker nach und nach unterrühren und so lange rühren, bis eine gebundene Masse entstanden ist.

2 Mehl sieben und in 2 Portionen auf mittlerer Stufe unterrühren. Den Teig halbieren, jeweils eine Teighälfte in Frischhaltefolie wickeln und mindestens 30 Minuten kalt stellen.

3 Die Teighälften auf der leicht bemehlten Arbeitsfläche jeweils mit einem scharfen Messer zu einer etwa 24 cm langen Stange (Breite 6 cm, Höhe $2^1/_2$ cm) formen. Die Teigstangen nochmals in Frischhaltefolie wickeln und mindestens 2 Stunden kalt stellen oder etwa 40 Minuten im Gefrierfach anfrieren lassen.

4 Die Teigstangen in etwa 1 cm dicke Scheiben schneiden und auf Backbleche (mit Backpapier belegt) legen. In jede Teigscheibe mit einer Gabel der Länge nach Streifen ziehen. Teigscheiben mit Rohrzucker bestreuen. Die Backbleche nacheinander (bei Heißluft zusammen) in den vorgeheizten Backofen schieben.

Ober-/Unterhitze: 160–180 °C
Heißluft: 140–160 °C
Backzeit: 25–30 Minuten.

5 Das Gebäck mit dem Backpapier von den Backblechen auf Kuchenroste ziehen. Gebäck erkalten lassen.

Wichtig

Der Teig muss zweimal kühl gestellt werden. Er ist zu weich, um ihn sofort zu Stangen zu formen. Ist er durchgekühlt, lässt er sich sehr gut schneiden.

Lebkuchen-Taler

Zubereitungszeit: 50 Minuten, ohne Kühlzeit
Insgesamt: E: 41 g, F: 159 g, Kh: 224 g, kJ: 10406, kcal: 2490 | **Gut vorzubereiten**

Für den Lebkuchenteig:
75 g flüssiger Honig
3 EL Schlagsahne
35 g Butter oder Margarine
120 g Weizenmehl
1 TL Dr. Oetker Backin
1 TL Dr. Oetker Finesse Weihnachts-Aroma
35 g fein gehackte Vollmilch-Schokolade
100 g gemahlene Haselnusskerne

Zum Bestreichen:
80 g Zartbitter-Kuvertüre

Zum Garnieren:
etwa 35 halbierte Haselnusskerne

1 Für den Teig Honig, Sahne und Butter oder Margarine in einem Topf erwärmen, zerlassen und abkühlen lassen.

2 Mehl mit Backpulver mischen und in eine Rührschüssel sieben, mit Aroma, Schokolade und Haselnusskernen vermischen. Honig-Sahne-Masse hinzufügen und die Zutaten mit Handrührgerät mit Knethaken zunächst kurz auf niedrigster, dann auf höchster Stufe gut durcharbeiten.

3 Anschließend auf der bemehlten Arbeitsfläche zu einem glatten Teig verkneten und zu einer 30 cm langen Rolle formen. Teigrolle in Frischhaltefolie gewickelt mindestens 1 Stunde kalt stellen.

4 Die Teigrolle mit einem Sägemesser in knapp 1 cm dicke Scheiben (etwa 35 Scheiben) schneiden. Teigscheiben auf ein Backblech (mit Backpapier belegt) legen. Das Backblech in den vorgeheizten Backofen schieben.

Ober-/Unterhitze: etwa 180 °C
Heißluft: etwa 160 °C
Backzeit: etwa 10 Minuten.

5 Lebkuchen mit dem Backpapier vom Backblech auf einen Kuchenrost ziehen. Lebkuchen erkalten lassen.

6 Zum Bestreichen Kuvertüre in Stücke hacken und in einem kleinen Topf im Wasserbad bei schwacher Hitze schmelzen. Die Lebkuchenoberfläche damit bestreichen und mit je einer Nusshälfte garnieren. Guss fest werden lassen.

Johannistaler

Zubereitungszeit: 120 Minuten, ohne Kühlzeit
Insgesamt: E: 37 g, F: 113 g, Kh: 599 g, kJ: 15457, kcal: 3692 | **Mit Alkohol**

Für den Knetteig:
250 g Weizenmehl
2 TL Dr. Oetker Backin
100 g Zucker
1 Pck. Dr. Oetker Vanillin-Zucker
1 Ei (Größe M)
125 g Butter

Für den hellen Guss:
200 g gesiebter Puderzucker
1 EL Rum
2–3 EL Wasser

Für den dunklen Guss:
75 g Puderzucker
1 leicht geh. TL Kakao
etwa 1 EL Weinbrand

Zum Bestreichen:
rotes Johannisbeergelee

Tipp

Wenn es schneller gehen soll, die oberen Ringe nur mit dem hellen Guss bestreichen, Plätzchen mit Konfitüre zusammensetzen und dann mit dem dunklen Guss besprenkeln. Der Guss kann statt mit Rum und Weinbrand auch mit Zitronensaft oder Wasser zubereitet werden.

1 Für den Teig Mehl mit Backpulver mischen und in eine Rührschüssel sieben. Zucker, Vanillin-Zucker, Ei und Butter hinzufügen und die Zutaten mit Handrührgerät mit Knethaken zunächst kurz auf niedrigster, dann auf höchster Stufe gut durcharbeiten. Anschließend auf der Arbeitsfläche zu einem glatten Teig verkneten. Sollte er kleben, ihn eine Zeit lang kalt stellen.

2 Teig portionsweise dünn ausrollen und mit einer runden Form (Ø etwa 5 cm) 50 Plätzchen ausstechen. Bei der Hälfte der Plätzchen mit einer Ausstechform (Ø etwa 2 cm) oder einer großen Lochtülle die Mitte ausstechen, so dass Ringe entstehen.

3 Plätzchen und Ringe auf Backbleche (gefettet, mit Backpapier belegt) legen und die Backbleche nacheinander (bei Heißluft zusammen) in den vorgeheizten Backofen schieben.

Ober-/Unterhitze: 180–200 °C
Heißluft: 160–180 °C
Backzeit: 6–8 Minuten je Backblech.

4 Die Plätzchen mit dem Backpapier von den Backblechen auf Kuchenroste ziehen und erkalten lassen.

5 Für den hellen Guss den Puderzucker mit Rum und Wasser zu einer dickflüssigen Masse verrühren.

6 Für den dunklen Guss Puderzucker mit Kakao sieben, mit Weinbrand zu einer dickflüssigen Masse verrühren und in ein Papiertütchen füllen.

7 Vor dem Zusammensetzen jedes Ringplätzchen mit hellem Guss bestreichen und sofort mit dem braunen Guss einen Ring darauf spritzen. Mit einem Holzstäbchen mehrere Male von der Mitte aus zum Rand leicht durch den Guss ziehen und den Guss fest werden lassen.

8 Zum Bestreichen das Johannisbeergelee glatt rühren, jedes ganze Plätzchen mit Johannisbeergelee bestreichen und einen Ring darauf legen.

Vanillemürbchen

Zubereitungszeit: 45 Minuten
Insgesamt: E: 36 g, F: 193 g, Kh: 269 g, kJ: 12756, kcal: 3048 | **Für Kinder**

Für den Knetteig:
250 g Weizenmehl
2 Pck. Dr. Oetker Vanillin-Zucker
½ Fläschchen Butter-Vanille-Aroma
1 Becher (150 g) Crème fraîche
175 g Butter oder Margarine

Zum Bestreichen und Bestreuen:
Kondensmilch
75 g Hagelzucker

1 Für den Teig Mehl in eine Rührschüssel sieben. Vanillin-Zucker, Aroma, Crème fraîche und Butter oder Margarine hinzufügen und die Zutaten mit Handrührgerät mit Knethaken zunächst kurz auf niedrigster, dann auf höchster Stufe gut durcharbeiten.

2 Anschließend auf der leicht bemehlten Arbeitsfläche mit den Händen zu einem glatten Teig verkneten. Sollte er kleben, ihn in Folie gewickelt eine Zeit lang kalt stellen.

3 Den Teig auf der leicht bemehlten Arbeitsfläche etwa ½ cm dick ausrollen und zunächst mit einer runden Form Plätzchen (Ø etwa 6 cm) ausstechen. Die Teigplätzchen mit einer kleineren Form (Ø etwa 4 cm) dann so ausstechen, dass Ringe entstehen.

4 Ringe mit Kondensmilch bestreichen, mit Hagelzucker bestreuen und auf Backbleche (mit Backpapier belegt) legen. Die Backbleche nacheinander (bei Heißluft zusammen) in den vorgeheizten Backofen schieben.

Ober-/Unterhitze: etwa 200 °C
Heißluft: etwa 180 °C
Backzeit: 10–15 Minuten je Backblech.

5 Das Gebäck mit dem Backpapier von den Backblechen auf Kuchenroste ziehen und erkalten lassen.

Tipp

Vanillemürbchen schmecken am besten frisch, sind aber gut verpackt 2–3 Wochen haltbar. Anstelle von Hagelzucker können Sie die Vanillemürbchen auch mit Zimt-Zucker und gehackten Mandeln bestreuen. Falls Sie die Vanillemürbchen nicht mit Hagelzucker bestreuen möchten, sollten Sie zusätzlich 50 g Zucker in den Teig geben.

Butterteilchen

Zubereitungszeit: 30 Minuten
Insgesamt: E: 35 g, F: 181 g, Kh: 320 g, kJ: 12745, kcal: 3043 | **Für Kinder**

Für den All-in-Teig:
220 g Weizenmehl
30 g Speisestärke
120 g Zucker
1 Pck. Dr. Oetker Vanillin-Zucker
1 Ei (Größe M)
1 Eigelb (Größe M)
200 g weiche Butter

Zum Bestäuben:
Puderzucker

1 Für den Teig Mehl mit Speisestärke mischen und in eine Rührschüssel sieben. Zucker, Vanillin-Zucker, Ei, Eigelb und Butter hinzufügen und mit Handrührgerät mit Rührbesen zunächst kurz auf niedrigster, dann auf höchster Stufe in etwa 2 Minuten zu einem Teig verarbeiten.

2 Den Teig mit zwei Teelöffeln in Häufchen auf Backbleche (mit Backpapier belegt) setzen, dabei genügend Abstand zwischen den Teighäufchen lassen. Die Backbleche nacheinander (bei Heißluft zusammen) in den vorgeheizten Backofen schieben.

Ober-/Unterhitze: etwa 200 °C
Heißluft: etwa 180 °C
Backzeit: 10–15 Minuten je Backblech.

3 Das Gebäck mit dem Backpapier von den Backblechen auf Kuchenroste ziehen. Gebäck sofort mit Puderzucker bestäuben und erkalten lassen.

Butterringe

Zubereitungszeit: 50 Minuten, ohne Kühlzeit
Insgesamt: E: 28 g, F: 132 g, Kh: 235 g, kJ: 9672, kcal: 2311 | **Für Kinder**

Für den Rührteig:
150 g Butter
75 g Zucker
1 Pck. Dr. Oetker Vanillin-Zucker
1 Ei (Größe M)
½ TL gemahlener Koriander
175 g Weizenmehl
25 g Speisestärke

1 Für den Teig Butter zerlassen und kalt stellen.

2 Die etwas fest gewordene Butter mit Handrührgerät mit Rührbesen auf höchster Stufe geschmeidig rühren. Nach und nach Zucker und Vanillin-Zucker unterrühren und so lange rühren, bis eine gebundene Masse entstanden ist.

3 Ei und Koriander in etwa ½ Minute unterrühren. Mehl mit Speisestärke mischen, sieben und portionsweise auf mittlerer Stufe unterrühren.

4 Den Teig in einen Spritzbeutel mit Sterntülle füllen und Ringe auf ein Backblech (gefettet, mit Backpapier belegt) spritzen. Das Backblech in den vorgeheizten Backofen schieben.

Ober-/Unterhitze: 180–200 °C
Heißluft: 160–180 °C
Backzeit: etwa 12 Minuten.

5 Die Butterringe mit dem Backpapier von dem Backblech auf einen Kuchenrost ziehen und erkalten lassen.

Tipp

Die Ringe vor dem Backen mit gehackten Belegkirschen oder Mandeln bestreuen.

Bunte Sterne

Zubereitungszeit: etwa 40 Minuten, ohne Trockenzeit
Insgesamt: E: 44 g, F: 134 g, Kh: 379 g, kJ: 12544, kcal: 2997 | **Für Kinder**

Für den Knetteig:
250 g Weizenmehl
1 Msp. Dr. Oetker Backin
100 g Zucker
1 Pck. Dr. Oetker Vanillin-Zucker
je 1 Msp. Zimt, Kardamom, Nelken und Muskatblüte (alles gemahlen)
1 Ei (Größe M)
125 g weiche Butter

Für den Guss:
100 g Zartbitter-Kuvertüre
15 g Kokosfett

Zum Bestreuen:
bunte Zuckerstreusel

1 Für den Teig Mehl mit Backpulver mischen und in eine Rührschüssel sieben. Zucker, Vanillin-Zucker, Gewürze, Ei und Butter hinzufügen.

2 Die Zutaten mit Handrührgerät mit Knethaken zunächst kurz auf niedrigster, dann auf höchster Stufe gut durcharbeiten. Anschließend auf der Arbeitsfläche zu einem glatten Teig verkneten, sollte er kleben, ihn in Folie gewickelt eine Zeit lang kalt stellen.

3 Den Teig auf der leicht bemehlten Arbeitsfläche portionsweise dünn ausrollen, Sterne in zwei Größen (die gleiche Anzahl von jeder Größe) ausstechen und auf Backbleche (gefettet, mit Backpapier belegt) legen. Die Backbleche nacheinander (bei Heißluft zusammen) in den vorgeheizten Backofen schieben.

Ober-/Unterhitze: etwa 200 °C
Heißluft: etwa 180 °C
Backzeit: 8–10 Minuten je Backblech.

4 Die Sterne mit dem Backpapier von den Backblechen auf Kuchenroste ziehen und erkalten lassen.

5 Für den Guss Kuvertüre und Kokosfett in einem kleinen Topf im Wasserbad bei schwacher Hitze zu einer geschmeidigen Masse verrühren. Die großen Sterne damit bestreichen, die kleinen so darauf legen, dass die braunen Spitzen der unteren Sterne zu sehen sind, diese mit Zuckerstreuseln bestreuen und den Guss fest werden lassen.

Tipp

Die Sterne sind gut verpackt 3–4 Wochen haltbar.

Dreispitze

Zubereitungszeit: 110 Minuten, ohne Kühlzeit
Insgesamt: E: 58 g, F: 181 g, Kh: 344 g, kJ: 14032, kcal: 3352 | **Für Geübte**

Für den Knetteig:
250 g Weizenmehl
1 Msp. Dr. Oetker Backin
65 g Zucker
1 Pck. Dr. Oetker Vanillin-Zucker
1 Eigelb (Größe M)
½ Fläschchen Rum-Aroma
½ Pck. Dr. Oetker Finesse Orangenfrucht
125 g Butter oder Margarine

Für die Füllung:
100 g gemahlene Haselnusskerne
50 g Zucker
1 ½ Eiweiß (Größe M)
½ Fläschchen Rum-Aroma
½ Pck. Dr. Oetker Finesse Orangenfrucht
etwa 2 EL Orangensaft
40 g Korinthen

Zum Bestreichen:
½ verschlagenes Eiweiß
1 Eigelb
1 EL Milch

1 Für den Teig Mehl mit Backpulver mischen und in eine Rührschüssel sieben. Zucker, Vanillin-Zucker, Eigelb, Aroma, Orangenfrucht und Butter oder Margarine hinzufügen und die Zutaten mit Handrührgerät mit Knethaken zunächst kurz auf niedrigster, dann auf höchster Stufe gut durcharbeiten.

2 Anschließend auf der bemehlten Arbeitsfläche zu einem glatten Teig verkneten. Sollte er kleben, ihn in Folie gewickelt eine Zeit lang kalt stellen.

3 Für die Füllung Haselnusskerne mit Zucker, Eiweiß, Aroma, Orangenfrucht und Orangensaft zu einer geschmeidigen Masse verrühren. Korinthen unterrühren.

4 Den Teig auf der bemehlten Arbeitsfläche portionsweise etwa knapp ½ cm dick ausrollen und mit einer Ausstechform runde Plätzchen (Ø etwa 4 cm) ausstechen. Die Teigplätzchen mit Eiweiß bestreichen. In die Mitte je ein haselnussgroßes Häufchen von der Füllung geben. Den Teig an drei Seiten zur Mitte hochziehen und zu einem Dreispitz zusammendrücken.

5 Die Teigstücke auf Backbleche (mit Backpapier belegt) setzen. Eigelb mit Milch verschlagen und die Teigstücke damit bestreichen. Die Backbleche nacheinander (bei Heißluft zusammen) in den vorgeheizten Backofen schieben.

Ober-/Unterhitze: etwa 200 °C
Heißluft: etwa 180 °C
Backzeit: etwa 15 Minuten je Backblech.

6 Die Dreispitze mit dem Backpapier von den Backblechen auf Kuchenroste ziehen. Dreispitze erkalten lassen.

Tipp

Die Dreispitze sind in einer gut schließenden Dose (nicht zu warm lagern) etwa 4 Wochen haltbar. Sie werden nach einiger Zeit etwas weicher.

Echte Nürnberger Lebkuchen

Zubereitungszeit: 60 Minuten
Insgesamt: E: 68 g, F: 149 g, Kh: 379 g, kJ: 13796, kcal: 3295 | **Klassisch**

Für den Lebkuchenteig:
2 Eier (Größe M)
125 g Zucker
1 Prise geriebene Muskatnuss
knapp ½ TL gemahlene Nelken
knapp ½ TL gemahlener Zimt
2 Tropfen Bittermandel-Aroma
½ Fläschchen Rum-Aroma
einige Tropfen Zitronen-Aroma
125 g abgezogene, gemahlene Mandeln
125 g abgezogene, gehackte Mandeln
125 g fein gewürfeltes Zitronat (Sukkade)

Außerdem:
40 Oblaten (Ø etwa 6 cm)

Für den Guss:
150 g Puderzucker
2–3 EL heißes Wasser
75 g Schokolade
1 TL Speiseöl

Pinienkerne

1 Für den Teig Eier und Zucker mit Handrührgerät mit Rührbesen auf höchster Stufe 2 Minuten schaumig schlagen, nach und nach Muskat, Nelken, Zimt und Aromen unterrühren.

2 Mandeln und Zitronat unter die Eiermasse rühren, den Teig fingerdick auf die Oblaten streichen und auf ein Backblech (mit Backpapier belegt) legen oder als flache Häufchen direkt auf ein Backblech setzen. Das Backblech in den vorgeheizten Backofen schieben.

Ober-/Unterhitze: etwa 180 °C
Heißluft: etwa 160 °C
Backzeit: etwa 20 Minuten.

3 Die Lebkuchen mit dem Backpapier vom Backblech auf einen Kuchenrost ziehen.

4 Für den Guss Puderzucker mit Wasser zu einer dickflüssigen Masse verrühren. Die Hälfte der noch warmen Lebkuchen damit bestreichen, den Guss fest werden lassen. Schokolade in Stücke brechen und mit dem Öl in einem kleinen Topf im warmen Wasserbad auflösen, die restlichen erkalteten Lebkuchen damit bestreichen und mit Pinienkernen garnieren.

Abwandlung

Nürnberger Lebkuchen, etwas anders.
Für den Lebkuchenteig: 2 Eier (Größe M), 200 g Farinzucker, ½ Fläschchen Rum-Aroma, 1 Msp. gemahlene Nelken, 125 g gemahlene Haselnusskerne, 125 g nicht abgezogene, gemahlene Mandeln, 75 g fein gehacktes Zitronat.
Den Teig wie oben beschrieben zubereiten und backen.

Eierkränzchen

Zubereitungszeit: 25 Minuten, ohne Abkühlzeit
Insgesamt: E: 52 g, F: 296 g, Kh: 530 g, kJ: 21635, kcal: 5168 **| Für Kinder**

Für den Rührteig:
250 g weiche Butter oder Margarine
125 g Zucker
2 Pck. Dr. Oetker Vanillin-Zucker
1 Ei (Größe M)
3 Eigelb (Größe M)
250 g Weizenmehl
150 g Speisestärke

Für den Guss:
150 g Zartbitter-Kuvertüre
2 TL Speiseöl

Zum Bestreuen:
Hagelzucker
fein gehacktes Zitronat

1 Für den Teig Butter oder Margarine mit Handrührgerät mit Rührbesen auf höchster Stufe geschmeidig rühren. Nach und nach Zucker und Vanillin-Zucker unterrühren und so lange rühren, bis eine gebundene Masse entstanden ist. Ei und Eigelb nach und nach unterrühren (Ei etwa 1/2 Minute, Eigelb knapp 1/2 Minute).

2 Mehl mit Speisestärke mischen, sieben und portionsweise auf mittlerer Stufe unterrühren. Den Teig in einen Spritzbeutel mit Sterntülle füllen und Kränzchen (Ø etwa 4 cm) auf Backbleche (gefettet, mit Backpapier belegt) spritzen. Die Backbleche nacheinander (bei Heißluft zusammen) in den vorgeheizten Backofen schieben.

Ober-/Unterhitze: etwa 200 °C
Heißluft: etwa 180 °C
Backzeit: etwa 10 Minuten je Backblech.

3 Die Kränzchen mit dem Backpapier von den Backblechen auf Kuchenroste ziehen. Kränzchen erkalten lassen.

4 Für den Guss Kuvertüre in kleine Stücke hacken und mit Speiseöl in einem kleinen Topf im Wasserbad bei schwacher Hitze zu einer geschmeidigen Masse verrühren. Die Kränzchen zur Hälfte in die Kuvertüre eintauchen und auf Backpapier legen, mit Hagelzucker oder Zitronat bestreuen und den Guss fest werden lassen.

Tipp

Nach Belieben Geschenkbändchen oder Schleifenband durch die Eierkränzchen ziehen und als Geschenkanhänger oder Christbaumschmuck verwenden. Die Eierkränzchen können auch mit der aufgelösten Kuvertüre besprenkelt werden, dann sind 75 g Kuvertüre ausreichend. Das Gebäck ist 3–4 Wochen haltbar.

Kosakentaler

Zubereitungszeit: 55 Minuten, ohne Kühlzeit
Insgesamt: E: 45 g, F: 192 g, Kh: 432 g, kJ: 15302, kcal: 3657 | **Raffiniert – dauert länger**

Für den Knetteig:
300 g Weizenmehl
1/2 TL Dr. Oetker Backin
100 g Zucker
1 Pck. Dr. Oetker Vanillin-Zucker
3 EL Milch
150 g Butter oder Margarine

Für die Füllung:
150 g Nuss-Nougat

Zum Verzieren:
etwa 50 g gemahlene Haselnusskerne

1 Für den Teig Mehl mit Backpulver mischen und in eine Rührschüssel sieben. Zucker, Vanillin-Zucker, Milch und Butter oder Margarine hinzufügen und die Zutaten mit Handrührgerät mit Knethaken zunächst kurz auf niedrigster, dann auf höchster Stufe gut durcharbeiten.

2 Anschließend auf der bemehlten Arbeitsfläche zu einem glatten Teig verkneten. Aus dem Teig 2 etwa 20 cm lange Rollen formen. Die Teigrollen in Frischhaltefolie gewickelt mindestens 1 Stunde kalt stellen.

3 Die Teigrollen mit einem Sägemesser in 3 mm dicke Scheiben schneiden und auf Backbleche (mit Backpapier belegt) legen. Die Backbleche nacheinander (bei Heißluft zusammen) in den vorgeheizten Backofen schieben.

Ober-/Unterhitze: etwa 180 °C
Heißluft: etwa 160 °C
Backzeit: 8–10 Minuten je Backblech.

4 Das Gebäck mit dem Backpapier von den Backblechen auf Kuchenroste ziehen. Gebäck erkalten lassen.

5 Für die Füllung Nuss-Nougat in einem kleinen Topf im Wasserbad bei schwacher Hitze schmelzen. Die Hälfte der Plätzchen auf der Unterseite damit bestreichen.

6 Die restlichen Plätzchen mit der Unterseite darauf legen und gut andrücken. Die herausgedrückte Füllung am Rand verstreichen. Dann die Plätzchen mit dem bestrichenen Rand durch die Haselnusskerne rollen, Füllung fest werden lassen.

Zimtsterne

Zubereitungszeit: 60 Minuten
Insgesamt: E: 90 g, F: 213 g, Kh: 275 g, kJ: 15211, kcal: 3632 | **Klassisch**

Für den Teig:
3 Eiweiß (Größe M)
250 g Puderzucker
1 Pck. Dr. Oetker Vanillin-Zucker
3 Tropfen Bittermandel-Aroma
1 TL gemahlener Zimt
etwa 400 g nicht abgezogene, gemahlene Mandeln oder Haselnusskerne

Außerdem:
etwas Puderzucker

1 Für den Teig Eiweiß mit Handrührgerät mit Rührbesen auf höchster Stufe so steif schlagen, dass ein Messerschnitt sichtbar bleibt. Puderzucker sieben und nach und nach kurz unterrühren. Zum Bestreichen der Sterne 2 gut gehäufte Esslöffel Eischnee abnehmen und beiseite stellen.

2 Vanillin-Zucker, Bittermandel-Aroma, Zimt und etwa 150 g von den Mandeln oder Haselnusskernen vorsichtig auf niedrigster Stufe unter den übrigen Eischnee rühren. Von den übrigen Mandeln oder Haselnusskernen so viel mit den Händen unterkneten, dass der Teig kaum noch klebt.

3 Den Teig auf der mit Puderzucker bestäubten Arbeitsfläche gut $^1/_2$ cm dick ausrollen und Sterne ausstechen, auf Backbleche (mit Backpapier belegt) legen und mit dem zurückgelassenen Eischnee bestreichen. Der Eischnee muss so sein, dass er sich glatt auf die Sterne streichen lässt, evtl. einige Tropfen Wasser unterrühren. Das Backbleche nacheinander (bei Heißluft zusammen) in den vorgeheizten Backofen schieben.

Ober-/Unterhitze: etwa 140 °C
Heißluft: etwa 120 °C
Backzeit: etwa 25 Minuten je Backblech.

4 Das Gebäck muss sich beim Herausnehmen auf der Unterseite noch etwas weich anfühlen. Die Sterne mit dem Backpapier vom Backblech ziehen und auf einem Kuchenrost erkalten lassen.

Tipp

Die Sterne lassen sich besser ausstechen, wenn der Ausstecher vorher immer in Wasser getaucht wird. Die Sterne bleiben saftig, wenn sie in gut schließenden Dosen aufbewahrt werden. Zum Steifschlagen von Eiweiß müssen Schüsseln und Rührbesen absolut fettfrei sein, und es darf keine Spur von Eigelb im Eiweiß sein.

Schwarz-Weiß-Gebäck

Zubereitungszeit: etwa 60 Minuten, ohne Kühlzeit
Insgesamt: E: 42 g, F: 114 g, Kh: 360 g, kJ: 11366, kcal: 2714 | **Klassisch**

Für den Knetteig:
250 g Weizenmehl
1 TL Dr. Oetker Backin
150 g Zucker
1 Pck. Dr. Oetker Vanillin-Zucker
1 PriseSalz
1/2 Fläschchen Rum-Aroma
1 Ei (Größe M)
125 g weiche Butter oder Margarine

Außerdem:
15 g Kakaopulver
15 g Zucker
1 EL Milch

Zum Bestreichen:
1 Eiweiß (Größe M)

1 Für den Teig Mehl mit Backpulver mischen und in eine Rührschüssel sieben. Übrige Zutaten hinzufügen und alles mit Handrührgerät mit Knethaken zunächst kurz auf niedrigster, dann auf höchster Stufe zu einem Teig verarbeiten.

2 Für den dunklen Teig Kakaopulver sieben, mit Zucker und Milch verrühren und unter die Hälfte des Teiges kneten. Hellen und dunklen Teig jeweils zu einer Kugel formen und getrennt in Frischhaltefolie gewickelt etwa 30 Minuten kalt stellen.

3 Der Teig kann beliebig entweder zu einem Schneckenmuster oder Schachbrettmuster oder zu Talern verarbeitet werden:

Schneckenmuster: Den hellen und dunklen Teig jeweils zu einem gleichmäßig großen Rechteck (30 x 15 cm) ausrollen, ein Rechteck dünn mit Eiweiß bestreichen, das zweite darauf legen und ebenfalls bestreichen. Von der längeren Seite aus fest aufrollen.

Schachbrettmuster: Man benötigt 2 x 5 je 1 cm breite Teigstreifen von dem dunklen Teig und 2 x 4 je 1 cm breite Teigstreifen vom hellen Teig sowie 2 x eine „Teigdecke“. Dafür die beiden Teighälften getrennt etwa 1 cm dick ausrollen. Von dem hellen Teig 8 und von dem dunklen Teig 10 je 1 cm breite und 15 cm lange Streifen schneiden. Die Streifen mit Eiweiß bestreichen und im Schachbrettmuster zu 2 Teigblöcken zusammensetzen. Die übrig gebliebenen hellen und dunklen Teigreste zusammen verkneten und dünn zu 2 Rechtecken (15 x 13 cm) ausrollen. Die entstandenen Blöcke in die Teigschichten einwickeln.

Taler: Aus dem dunklen Teig eine 3 cm dicke Rolle formen. Den hellen Teig 1/2 cm dick ausrollen, mit Eiweiß bestreichen und die dunkle Rolle darin einwickeln.

4 Teigrollen oder -blöcke eine Zeit lang kalt stellen, damit sie sich besser schneiden lassen.

5 Die Teigrollen oder -blöcke in gleichmäßige, knapp 1/2 cm dicke Scheiben schneiden und auf Backbleche (mit Backpapier belegt) legen. Die Backbleche nacheinander (bei Heißluft zusammen) in den vorgeheizten Backofen schieben.

Ober-/Unterhitze: etwa 200 °C
Heißluft: etwa 180 °C
Backzeit: etwa 12 Minuten je Backblech.

6 Das Gebäck mit dem Backpapier vom Backblech ziehen und auf einem Kuchenrost erkalten lassen.

Tipp

Für ein einfaches Marmormuster Teigreste (hellen und dunklen Teig zusammen) zu einer etwa 3 cm dicken Rolle formen, kalt stellen, in 1/2 cm dicke Scheiben schneiden und backen.

Englische Butterplätzchen

Zubereitungszeit: 25 Minuten
Insgesamt: E: 38 g, F: 211 g, Kh: 479 g, kJ: 16755, kcal: 4005 | **Gut vorzubereiten**

Für den Knetteig:
375 g Weizenmehl
200 g Rohrzucker (Kandisfarin)
1 Pck. Dr. Oetker Bourbon-Vanille-Zucker
250 g Butter

1 Für den Teig Mehl in eine Rührschüssel sieben. Rohrzucker, Vanille-Zucker und Butter hinzufügen und die Zutaten mit Handrührgerät mit Knethaken zunächst kurz auf niedrigster, dann auf höchster Stufe gut durcharbeiten.

2 Anschließend auf der bemehlten Arbeitsfläche zu einem glatten Teig verkneten. Sollte er kleben, ihn in Folie gewickelt eine Zeit lang kalt stellen.

3 Den Teig auf der bemehlten Arbeitsfläche zu 2–2 ½ cm dicke Rollen formen. Teigrollen so lange kalt stellen, bis sie fest geworden sind.

4 Die Teigrollen in etwa ½ cm dicke Scheiben schneiden und auf Backbleche (mit Backpapier belegt) legen. Die Backbleche nacheinander (bei Heißluft zusammen) in den vorgeheizten Backofen schieben.

Ober-/Unterhitze: 180–200 °C
Heißluft: 160–180 °C
Backzeit: etwa 10 Minuten je Backblech.

5 Die Plätzchen mit dem Backpapier von den Backblechen auf Kuchenroste ziehen. Plätzchen erkalten lassen.

Buttermilchkekse

Zubereitungszeit: 45 Minuten, ohne Kühlzeit
Insgesamt: E: 33 g, F: 128 g, Kh: 191 g, kJ: 8917, kcal: 2130 | **Preiswert**

Für den Teig:
250 g Weizenmehl
1 TL Dr. Oetker Backin
1 TL Natron
1 Prise Salz
125 g weiches Schmalz oder halb Butter, halb Schmalz
125 ml (1/8 l) Buttermilch

Zum Bestreichen:
Milch

Zum Bestreuen:
Kümmelsamen
grobes Salz

1 Für den Teig Mehl mit Backpulver, Natron und Salz mischen. Schmalz (oder halb Butter, halb Schmalz) und Buttermilch hinzufügen und mit Handrührgerät mit Knethaken gut durcharbeiten. Anschließend auf der leicht bemehlten Arbeitsfläche zu einem glatten Teig verkneten und in Folie gewickelt 1 Stunde kalt legen.

2 Den Teig auf der bemehlten Arbeitsfläche etwa 2,5 cm dick ausrollen. Teig übereinander schlagen und noch einmal etwa 2 cm dick ausrollen.

3 Mit einem Plätzchenausstecher, evtl. gezackt, Plätzchen (Ø 5–6 cm) ausstechen. Plätzchen auf ein Backblech legen (gefettet, mit Backpapier belegt), mit Milch bestreichen und mit Kümmel und Salz bestreuen. Das Backblech in den vorgeheizten Backofen schieben.

Ober-/Unterhitze: etwa 200 °C
Heißluft: etwa 180 °C
Backzeit: 15–20 Minuten.

4 Die Kekse mit dem Backpapier von dem Backblech auf einen Kuchenrost ziehen und erkalten lassen.

Tipp

Die Buttermilchkekse schmecken lauwarm zu einem Glas Weißwein am besten. Dazu die Kekse auf ein Backblech legen und bei 180 °C (160 °C, Stufe 1–2) 5 Minuten aufbacken.

Bunte Weihnachtsengel

Zubereitungszeit: 40 Minuten
Insgesamt: E: 38 g, F: 77 g, Kh: 414 g, kJ: 10760, kcal: 2570 | **Raffiniert**

Für den Knetteig:
250 g Weizenmehl
1 TL Dr. Oetker Backin
75 g Zucker
1 Pck. Dr. Oetker Vanillin-Zucker
½ Fläschchen Rum-Aroma
1 TL gemahlener Kardamom
1 Msp. gemahlener Zimt
1 Ei (Größe M)
1 Eigelb (Größe M)
75 g weiche Butter

Zum Verzieren:
gut 150 g gesiebter Puderzucker
Wasser
rote, blaue und gelbe Speisefarbe
silberne Zuckerperlen

1 Für den Teig Mehl mit Backpulver mischen und in eine Rührschüssel sieben. Die restlichen Zutaten hinzufügen und alles mit Handrührgerät mit Knethaken zunächst kurz auf niedrigster, dann auf höchster Stufe gut durcharbeiten.

2 Den Teig anschließend auf der Arbeitsfläche zu einem glatten Teig verkneten. Sollte er kleben, ihn in Folie gewickelt eine Zeit lang kalt stellen. Den Teig auf der leicht bemehlten Arbeitsfläche ½ cm dick ausrollen.

3 Mit einem Engelchen-Ausstecher Figuren ausstechen und auf ein Backblech (mit Backpapier belegt) legen. Das Backblech in den vorgeheizten Backofen schieben.

Ober-/Unterhitze: etwa 200 °C
Heißluft: etwa 180 °C
Backzeit: etwa 12 Minuten.

4 Zum Verzieren den Puderzucker nach und nach mit so viel Wasser verrühren, dass ein streichfähiger Guss entsteht. Den Guss in zwei Teile teilen. Von dem einen Teil etwas abnehmen und mit roter Speisefarbe einfärben, den Rest mit blauer Speisefarbe hellblau einfärben, die Körper damit bestreichen und in den noch feuchten Guss die Zuckerperlen verteilen.

5 In den anderen Teil so viel gesiebten Puderzucker einrühren, dass ein spritzfähiger Guss entsteht. Die Menge halbieren und die eine Hälfte mit gelber Speisefarbe einfärben, die andere Hälfte weiß lassen. Die Glasuren jeweils in Papierspritztüten füllen und Haare und Flügel der Engel damit verzieren.

Tipp

Die Engel halten, kühl, trocken und gut verschlossen aufbewahrt, 3–4 Wochen.

Anisplätzchen

Zubereitungszeit: 30 Minuten, ohne Trockenzeit
Insgesamt: E: 38 g, F: 22 g, Kh: 410 g, kJ: 8321, kcal: 1986 | **Klassisch**

Für den Biskuitteig:
3 Eier (Größe M)
200 g Zucker
1 Pck. Dr. Oetker Vanillin-Zucker
125 g Weizenmehl
125 g Speisestärke
15 g gemahlene Anissamen

Tipp

Die so genannten „Füßchen" bekommen die Plätzchen nur, wenn sie vor dem Backen über Nacht in einem trockenen Raum getrocknet werden.

1 Für den Teig Eier mit Handrührgerät mit Rührbesen auf höchster Stufe in 1 Minute schaumig schlagen. Zucker und Vanillin-Zucker mischen, in 1 Minute einstreuen und noch etwa 2 Minuten schlagen.

2 Mehl mit Speisestärke mischen, die Hälfte davon auf die Eiercreme sieben und kurz auf niedrigster Stufe unterrühren. Restliches Mehlgemisch auf die gleiche Weise unterarbeiten. Anissamen unterheben.

3 Den Teig mit 2 Teelöffeln in Häufchen auf Backbleche setzen, dabei genügend Abstand zwischen den Teighäufchen lassen.

4 Die Backbleche mit den Teighäufchen über Nacht nebeneinander in einem warmen Raum trocknen lassen und die Backbleche am nächsten Tag nacheinander (bei Heißluft zusammen) in den vorgeheizten Backofen schieben.

Ober-/Unterhitze: 140–160 °C
Heißluft: 120–140 °C
Backzeit: etwa 35 Minuten je Backblech.

5 Die Plätzchen von den Backblechen lösen und auf Kuchenroste erkalten lassen.

Nougatstangen

Zubereitungszeit: 60 Minuten, ohne Abkühlzeit
Insgesamt: E: 68 g, F: 373 g, Kh: 399 g, kJ: 21891 , kcal: 5230 | **Für Gäste**

Für den Rührteig:
225 g Butter oder Margarine
100 g gesiebter Puderzucker
1 Pck. Dr. Oetker Vanillin-Zucker
2 Msp. gemahlener Zimt
3 Eigelb (Größe M)
200 g Weizenmehl
40 g Kakaopulver
1 TL Dr. Oetker Backin
125 g gemahlene, geröstete Haselnusskerne

Für die Füllung:
100 g Nuss-Nougat

Für den Guss:
150 g Zartbitter-Schokolade
2 TL Speiseöl

Zum Bestäuben:
Puderzucker

1 Für den Teig Butter oder Margarine mit Handrührgerät mit Rührbesen auf höchster Stufe geschmeidig rühren. Nach und nach Puderzucker, Vanillin-Zucker und Zimt unterrühren. So lange rühren, bis eine gebundene Masse entstanden ist.

2 Eigelb nach und nach unterrühren (jedes Eigelb knapp $^1/_2$ Minute). Mehl mit Kakao und Backpulver mischen, sieben, in 2 Portionen auf mittlerer Stufe unterrühren. Zuletzt Haselnusskerne unterheben.

3 Den Teig in einen Spritzbeutel mit großer Sterntülle füllen. Etwa 4 cm lange Streifen auf Backbleche (gefettet, mit Backpapier belegt) spritzen. Die Backbleche nacheinander (bei Heißluft zusammen) in den vorgeheizten Backofen schieben.

Ober-/Unterhitze: etwa 180 °C
Heißluft: etwa 160 °C
Backzeit: 8–10 Minuten je Backblech.

4 Die Plätzchen mit dem Backpapier von den Backblechen auf Kuchenroste ziehen und erkalten lassen.

5 Für die Füllung Nuss-Nougat nach Packungsanleitung auflösen. Die Hälfte der Plätzchen auf der Unterseite damit bestreichen. Die restlichen Plätzchen mit der Unterseite darauflegen und gut andrücken.

6 Für den Guss Schokolade in kleine Stücke brechen, mit Speiseöl in einem kleinen Topf im Wasserbad bei schwacher Hitze schmelzen. Die Plätzchenenden hineintauchen, abtropfen lassen und auf Backpapier legen. Schokolade fest werden lassen. Nougatstangen mit Puderzucker bestäuben.

Tipp

Den Teig in kleinen Portionen in einen Spritzbeutel mit Lochtülle geben. Der Teig lässt sich besser spritzen. Oder den Teig in den Fleischwolf mit Sternvorsatz geben.

Erdnussplätzchen

Zubereitungszeit: 40 Minuten, ohne Kühlzeit
Insgesamt: E: 91 g, F: 251 g, Kh: 318 g, kJ: 16009 , kcal: 3834 | **Für Kinder**

Für den Knetteig:
100 g geröstete ungesalzene Erdnusskerne
250 g Weizenmehl
1 Msp. Dr. Oetker Backin
100 g gesiebter Puderzucker
150 g Erdnusscreme mit Erdnussstückchen
2 EL Speiseöl
1 Ei (Größe M)
100 g Butter oder Margarine

1 Für den Teig Erdnusskerne fein hacken. Mehl mit Backpulver mischen und in eine Rührschüssel sieben. Puderzucker, Erdnusscreme, Speiseöl, Ei und Butter oder Margarine hinzufügen und die Zutaten mit Handrührgerät mit Rührbesen zunächst kurz auf niedrigster, dann auf höchster Stufe gut durcharbeiten. Zum Schluss Erdnusskerne unterarbeiten.

2 Anschließend auf der bemehlten Arbeitsfläche zu einem glatten Teig verkneten, zu Rollen (Ø 3 cm) formen und in Frischhaltefolie gewickelt einige Stunden oder über Nacht kalt stellen (der Teig ist etwas weicher als üblicher Knetteig).

3 Teigrollen in gut 1/2 cm dicke Scheiben schneiden und auf Backbleche (mit Backpapier belegt) legen. Die Backbleche nacheinander (bei Heißluft zusammen) in den vorgeheizten Backofen schieben.

Ober-/Unterhitze: etwa 180 °C
Heißluft: etwa 160 °C
Backzeit: 10–15 Minuten je Backblech.

4 Die Plätzchen mit dem Backpapier von den Backblechen auf Kuchenroste ziehen, Plätzchen erkalten lassen.

Abwandlung

Erdnussplätzchen mit Zimt. Dafür einen Knetteig aus 200 g Weizenmehl, 1/2 Teelöffel Dr. Oetker Backin, 1 Prise Salz, 1/2 Teelöffel gemahlenem Zimt, 100 g Butter oder Margarine und 50 g gemahlenen ungesalzenen Erdnusskernen wie im Rezept beschrieben herstellen und wie ab Punkt 2 beschrieben weiter zubereiten. Die Plätzchen vor dem Backen zusätzlich mit 1 verschlagenen Ei bestreichen und mit 50 g gehackten Erdnusskernen bestreuen.

Mandelbögen

Zubereitungszeit: 45 Minuten
Insgesamt: E: 55 g, F: 112 g, Kh: 184 g, kJ: 8810, kcal: 2103 | **Klassisch**

Für den Teig:
160 g abgezogene, gemahlene Mandeln
1 1/2 geh. EL Weizenmehl
3 Eiweiß (Größe M)
1 Prise Salz
150 g feiner Zucker
1 Pck. Dr. Oetker Vanillin-Zucker
1 Msp. gemahlener Zimt
1 Eigelb (Größe M)

Zum Bestreuen:
40 g abgezogene, gehobelte Mandeln
oder 40 g gehackte Pistazien
oder 40 g Hagelzucker

1 Für den Teig Mandeln mit Mehl mischen. Eiweiß mit Salz in einer Rührschüssel mit Handrührgerät mit Rührbesen sehr steif schlagen. Zucker, Vanillin-Zucker und Zimt nach und nach unterrühren.

2 Die Mandel-Mehlmischung und das Eigelb hinzufügen und so lange rühren, bis eine gebundene Masse entstanden ist.

3 Die Masse in einen Spritzbeutel mit Lochtülle füllen und auf ein Backblech (gefettet, mit Backpapier belegt) in großen Abständen walnussgroße Kugeln spritzen, mit Mandeln, Pistazien oder Hagelzucker bestreuen. Das Backblech in den vorgeheizten Backofen schieben.

Ober-/Unterhitze: etwa 180 °C
Heißluft: etwa 160 °C
Backzeit: 8–10 Minuten.

4 Das Backblech auf einen Kuchenrost stellen, die Plätzchen einzeln, schnell vom Backpapier lösen und sofort über einer Teigrolle zu Bögen biegen. Bögen auf einem Kuchenrost erkalten lassen.

Tipp

Die Mandelbögen mit heller oder dunkler Kuvertüre verzieren. Nicht zu viele Mandelbögen auf einmal backen, da sie schnell hart werden.

Nusskipferl

Zubereitungszeit: 80 Minuten
Insgesamt: E: 55 g, F: 236 g, Kh: 398 g, kJ: 17015, kcal: 4065 | **Klassisch**

Für den Knetteig:
300 g Weizenmehl
100 g gesiebter Puderzucker
1 Pck. Dr. Oetker Vanillin-Zucker
1 Prise Salz
1 Ei (Größe M)
100 g gemahlene, leicht geröstete Haselnusskerne
200 g Butter oder Margarine

Zum Bestreuen:
50 g gesiebter Puderzucker
1 Pck. Dr. Oetker Vanillin-Zucker

1 Für den Teig Mehl in eine Rührschüssel sieben und Puderzucker, Vanillin-Zucker, Salz, Ei, Haselnusskerne und Butter oder Margarine hinzufügen. Die Zutaten mit Handrührgerät mit Knethaken zunächst kurz auf niedrigster, dann auf höchster Stufe durcharbeiten.

2 Anschließend auf der bemehlten Arbeitsfläche zu einem glatten Teig verkneten. Sollte er kleben, ihn in Folie gewickelt eine Zeit lang kalt stellen.

3 Den Teig portionsweise zu bleistiftdicken Rollen formen und in 6 cm lange Streifen schneiden. An den Enden etwas dünner rollen. Die Teigkipferl auf Backbleche (mit Backpapier belegt) legen. Die Backbleche nacheinander (bei Heißluft zusammen) in den vorgeheizten Backofen schieben.

Ober-/Unterhitze: 180–200 °C
Heißluft: 160–180 °C
Backzeit: etwa 10 Minuten je Backblech.

4 Die Kipferl mit dem Backpapier vom Backblech auf einen Kuchenrost ziehen.

5 Puderzucker mit Vanillin-Zucker mischen und die Kipferl sofort damit bestreuen. Kipferl erkalten lassen.

Walnussplätzchen

Zubereitungszeit: 100 Minuten, ohne Abkühlzeit
Insgesamt: E: 101 g, F: 487 g, Kh: 617 g, kJ: 30224, kcal: 7219 | Etwas teurer

Für den Knetteig:
300 g Weizenmehl
200 g Zucker
1 Pck. Dr. Oetker Vanillin-Zucker
1 Fläschchen Rum-Aroma
3 Tropfen Bittermandel-Aroma
1 Msp. gemahlener Kardamom oder Zimt
1 Prise Salz
1 Ei (Größe M)
200 g Butter
150 g gemahlene Walnusskerne

Zum Bestreichen:
2–3 EL rotes Johannisbeergelee

Zum Garnieren:
50 g Halbbitter-Kuvertüre
200 g halbierte Walnusskerne

Für den Guss:
150–200 g Zitronenglasur

1 Für den Teig Mehl in eine Rührschüssel sieben. Zucker, Vanillin-Zucker, Aromen, Kardamom oder Zimt, Salz, Ei und Butter hinzufügen und die Zutaten mit Handrührgerät mit Rührbesen zunächst kurz auf niedrigster, dann auf höchster Stufe gut durcharbeiten, Walnusskerne unterarbeiten.

2 Anschließend auf der bemehlten Arbeitsfläche zu einem glatten Teig verkneten und in Frischhaltefolie gewickelt einige Stunden oder über Nacht kalt stellen.

3 Den Teig portionsweise auf der bemehlten Arbeitsfläche dünn ausrollen und mit einer runden Ausstechform (Ø etwa 4 cm) etwa 100 Plätzchen ausstechen. Teigplätzchen auf Backbleche (mit Backpapier belegt) legen. Die Backbleche nacheinander (bei Heißluft zusammen) in den vorgeheizten Backofen schieben.

Ober-/Unterhitze: etwa 180 °C
Heißluft: etwa 160 °C
Backzeit: etwa 10 Minuten je Backblech.

4 Die Plätzchen mit dem Backpapier von den Backblechen auf Kuchenroste ziehen. Plätzchen erkalten lassen.

5 Zum Bestreichen Gelee glatt rühren. Die Hälfte der Plätzchen auf der Unterseite mit dem Gelee bestreichen, die restlichen Plätzchen darauf legen und gut andrücken.

6 Zum Garnieren Kuvertüre in einem kleinen Topf im Wasserbad bei schwacher Hitze schmelzen. Die Walnusskerne jeweils zur Hälfte in die Kuvertüre tauchen und auf Backpapier legen, Kuvertüre fest werden lassen.

7 Für den Guss Zitronenglasur nach Packungsanleitung auflösen, die Plätzchen damit bestreichen und mit den Walnusskernhälften garnieren.

Zimt-Nuss-Makronen

Zubereitungszeit: 30 Minuten
Insgesamt: E: 42 g, F: 39 g, Kh: 404 g, kJ: 9033, kcal: 2140 | **Raffiniert**

Für die Eiweißmasse:
3 Eiweiß (Größe M)
250 g Zucker
150 g gehackte Haselnusskerne
100 g gemahlene Haselnusskerne
2 TL Kakaopulver
1 Msp. gemahlener Zimt

1 Für die Eiweißmasse Eiweiß mit Handrührgerät mit Rührbesen auf höchster Stufe steif schlagen. Der Schnee muss so fest sein, dass ein Messerschnitt sichtbar bleibt. Nach und nach Zucker kurz unterschlagen. Gehackte und gemahlene Nusskerne, Kakao und Zimt unterrühren.

2 Den Teig mit 2 Teelöffeln in haselnussgroßen Häufchen auf Backbleche (mit Backpapier belegt) setzen. Die Backbleche nacheinander (bei Heißluft zusammen) in den vorgeheizten Backofen schieben.

Ober-/Unterhitze: 180–200 °C
Heißluft: 160–180 °C
Backzeit: 12–18 Minuten je Backblech.

3 Die Makronen mit dem Backpapier von den Backblechen auf Kuchenroste ziehen, Makronen erkalten lassen.

Tipp

Die erkalteten Makronen mit einem Puderzuckerguss überziehen, dafür 150 g gesiebten Puderzucker mit 1–2 Esslöffeln Wasser zu einem dickflüssigen Guss verrühren. Die Makronen damit bestreichen und zusätzlich mit klein geschnittenen Belegkirschen garnieren. Guss trocknen lassen. Die Hälfte der Makronen mit je 1 Haselnuss garnieren und mit aufgelöster Schokolade besprenkeln.

Schokokräcker mit Nusskernen

Zubereitungszeit: 40 Minuten, ohne Abkühlzeit
Insgesamt: E: 46 g, F: 190 g, Kh: 215 g, kJ: 11484, kcal: 2742 | **Für Kinder**

Für den Sirup:
100 g Zucker
1 Pck. Dr. Oetker Vanillin-Zucker
30 g flüssiger Honig
4 EL Schlagsahne
70 g Butter

Für den Teig:
200 g gemischte Nusskerne (s. Tipp)
1 Eigelb (Größe M)
50 g Weizenmehl
30 g Speisestärke
1/2 TL Dr. Oetker Backin
10 g Kakaopulver

Tipp

Als Nusskerne eignen sich Pinienkerne, abgezogene, gestiftelte Mandeln, halbierte Cashewkerne (möglichst ohne Salz) und grob gehackte Macadamianusskerne (möglichst ohne Salz).

1. Für den Sirup Zucker, Vanillin-Zucker, Honig, Sahne und Butter in einem Topf unter gelegentlichem Rühren bei mittlerer Hitze zum Kochen bringen. Den Topf von der Kochstelle nehmen und den Sirup abkühlen lassen.
2. Für den Teig gemischte Nusskerne und Eigelb unter den abgekühlten Sirup rühren. Mehl mit Speisestärke, Backpulver und Kakao mischen, auf die Nuss-Sirup-Masse sieben und unterrühren.
3. Den Teig mit zwei Teelöffeln in Häufchen auf Backbleche (mit Backpapier belegt) setzen, dabei genügend Abstand zwischen den Teighäufchen lassen (der Teig läuft auseinander). Die Backbleche nacheinander (bei Heißluft zusammen) in den vorgeheizten Backofen schieben.

   Ober-/Unterhitze: etwa 180 °C
   Heißluft: etwa 160 °C
   Backzeit: 15–18 Minuten je Backblech.

4. Die Backbleche auf Kuchenroste setzen und das Gebäck auf den Backblechen erkalten lassen. (Erst beim Abkühlen wird das Gebäck fest.)

Nussmöppchen

Zubereitungszeit: 60 Minuten, ohne Abkühlzeit
Insgesamt: E: 74 g, F: 279 g, Kh: 514 g, kJ: 4879, kcal: 20414 | Preiswert

Für den Rühr-Knetteig:
150 g weiche Butter oder Margarine
175 g Zucker
1 Pck. Dr. Oetker Vanillin-Zucker
1/2 Fläschchen Rum-Aroma
1 Ei (Größe M)
250 g Weizenmehl
2 TL Dr. Oetker Backin
150 g Weizengrieß
100 g gemahlene Haselnusskerne

Zum Belegen:
100 g ganze Haselnusskerne

Für den Guss:
50 g Zartbitter-Schokolade
etwas Speiseöl

1 Für den Teig Butter oder Margarine mit Handrührgerät mit Rührbesen auf höchster Stufe geschmeidig rühren. Nach und nach Zucker, Vanillin-Zucker und Aroma unterrühren und so lange rühren, bis eine gebundene Masse entstanden ist.

2 Ei in etwa 1/2 Minute unterrühren. Mehl mit Backpulver mischen, sieben und zwei Drittel davon in 2 Portionen auf mittlerer Stufe unterrühren.

3 Den Teigbrei auf der bemehlten Arbeitsfläche mit restlichem Mehl, Grieß und Haselnusskernen verkneten. Sollte der Teig kleben, ihn in Folie gewickelt eine Zeit lang kalt stellen.

4 Den Teig in kleinen Portionen zu Rollen (Ø etwa 2 cm) formen und etwa 1/2 cm dicke Scheiben davon abschneiden. Teigscheiben zu Kugeln formen und auf Backbleche (mit Backpapier belegt) legen. In jede Teigkugel einen Haselnusskern leicht eindrücken. Die Backbleche nacheinander (bei Heißluft zusammen) in den vorgeheizten Backofen schieben.

Ober-/Unterhitze: etwa 180 °C
Heißluft: etwa 160 °C
Backzeit: etwa 15 Minuten je Backblech.

5 Die Nussmöppchen mit dem Backpapier von den Backblechen auf Kuchenroste ziehen, Nussmöppchen erkalten lassen.

6 Für den Guss Schokolade in kleine Stücke brechen und mit dem Öl in einem kleinen Topf im Wasserbad bei schwacher Hitze zu einer geschmeidigen Masse verrühren. Die Nussmöppchen damit besprenkeln und den Guss trocknen lassen.

Braune Macadamiakekse

Zubereitungszeit: 50 Minuten, ohne Kühlzeit
Insgesamt: E: 51 g, F: 216 g, Kh: 361 g, kJ: 14936, kcal: 3567 | **Für Gäste**

Zum Vorbereiten:
100 g Butterschmalz
100 g Nuss-Nougat
100 g gesalzene Macadamianusskerne
50 g Korinthen

Für den Knetteig:
250 g Weizenmehl
1/2 TL Dr. Oetker Backin
100 g brauner Zucker
1 Ei (Größe M)
2 EL kaltes Wasser

1 Zum Vorbereiten Butterschmalz in einem Topf zerlassen, Topf von der Kochstelle nehmen, Nougat in Stücke schneiden und unter Rühren im Butterschmalz schmelzen. Nougatmasse erkalten lassen, bis sie fast fest geworden ist. Macadamianusskerne grob hacken. Korinthen in ein Sieb geben, mit heißem Wasser abspülen und abtropfen lassen.

2 Für den Teig Mehl mit Backpulver mischen und in eine Rührschüssel sieben. Zucker, Ei, Wasser, Nougatmasse, Nusskerne und Korinthen hinzufügen und die Zutaten mit Handrührgerät mit Knethaken zunächst kurz auf niedrigster, dann auf höchster Stufe gut durcharbeiten. Anschließend auf der leicht bemehlten Arbeitsfläche zu einem glatten Teig verkneten.

3 Aus dem Teig zwei quadratische Stangen (je 4 x 4 cm, Länge je 20 cm) formen. Die Stangen mit Frischhaltefolie belegen und im Gefrierfach mindestens 30 Minuten anfrieren lassen.

4 Die Teigstangen mit einem Allesschneider oder einem Sägemesser in etwa 1/2 cm dicke Scheiben schneiden. Dabei die Stangen immer wieder drehen, damit die Scheiben gleichmäßig abgeschnitten werden. Teigscheiben auf Backbleche (mit Backpapier belegt) legen. Die Backbleche nacheinander (bei Heißluft zusammen) in den vorgeheizten Backofen schieben.

Ober-/Unterhitze: etwa 200 °C
Heißluft: etwa 180 °C
Backzeit: 10–15 Minuten je Backblech.

5 Die Backbleche auf Kuchenroste stellen und die Kekse etwa 5 Minuten auf den Backblechen abkühlen lassen. Dann die Kekse mit dem Backpapier von den Backblechen auf Kuchenroste ziehen. Kekse erkalten lassen.

Feine Gewürzplätzchen

Zubereitungszeit: 40 Minuten, ohne Kühlzeit
Insgesamt: E: 36 g, F: 182 g, Kh: 318 g, kJ: 12895, kcal: 3082 | **Für Kinder**

Für den Knetteig:
250 g Weizenmehl
½ TL Dr. Oetker Backin
1 Pck. Dr. Oetker Finesse Weihnachts-Aroma
120 g Zucker
1 Pck. Dr. Oetker Vanillin-Zucker
170 g Butter oder Margarine
50 g abgezogene, gemahlene Mandeln
3–4 EL Schlagsahne

Tipp

Die erkalteten Gewürzplätzchen mit aufgelöster, dunkler Kuvertüre besprenkeln.

1 Für den Teig Mehl mit Backpulver mischen, in eine Rührschüssel sieben und Aroma, Zucker, Vanillin-Zucker, Butter oder Margarine, Mandeln und Sahne hinzufügen. Die Zutaten mit Handrührgerät mit Knethaken zunächst kurz auf niedrigster, dann auf höchster Stufe gut durcharbeiten.

2 Anschließend auf der bemehlten Arbeitsfläche zu einem glatten Teig verkneten. Aus dem Teig eine etwa 30 cm lange Rolle formen. Teigrolle in Frischhaltefolie gewickelt mindestens 1 Stunde kalt stellen.

3 Die Teigrolle mit einem Sägemesser in 3–4 mm dicke Scheiben schneiden, dabei die Rolle immer wieder drehen, damit die Scheiben gleichmäßig abgeschnitten werden.

4 Die Teigscheiben auf Backbleche (mit Backpapier belegt) legen. Die Backbleche nacheinander (bei Heißluft zusammen) in den vorgeheizten Backofen schieben.

Ober-/Unterhitze: etwa 180 °C
Heißluft: etwa 160 °C
Backzeit: 10–15 Minuten je Backblech.

5 Die Plätzchen mit dem Backpapier von den Backblechen auf Kuchenroste ziehen. Plätzchen erkalten lassen.

Mandel-Gewürz-Plätzchen

Zubereitungszeit: 60 Minuten, ohne Kühlzeit
Insgesamt: E: 64 g, F: 278 g, Kh: 400 g, kJ: 18167, kcal: 4338 | **Etwas aufwändiger**

Für den Knetteig:
280 g Weizenmehl
140 g Zucker
1 Pck. Dr. Oetker Vanillin-Zucker
1/2 TL Dr. Oetker Finesse Weihnachts-Aroma
220 g Butter oder Margarine
170 g abgezogene, gemahlene Mandeln

Zum Bestreichen:
3 EL Johannisbeergelee

Für den Guss:
150 g Zartbitter-Kuvertüre
1 TL Speiseöl

Zum Garnieren:
30 g abgezogene, ganze Mandeln

1 Für den Teig Mehl in eine Rührschüssel sieben. Zucker, Vanillin-Zucker, Aroma und Butter oder Margarine hinzufügen und die Zutaten mit Handrührgerät mit Rührbesen zunächst kurz auf niedrigster, dann auf höchster Stufe gut durcharbeiten, Mandeln unterarbeiten.

2 Anschließend auf der bemehlten Arbeitsfläche zu einem glatten Teig verkneten und in Folie gewickelt einige Stunden oder über Nacht kalt stellen.

3 Den Teig portionsweise auf der bemehlten Arbeitsfläche etwa 4 mm dünn ausrollen, mit einer Ausstechform runde und gezackte Plätzchen (Ø etwa 4 cm) ausstechen und auf Backbleche (gefettet, mit Backpapier belegt) legen. Die Backbleche nacheinander (bei Heißluft zusammen) in den vorgeheizten Backofen schieben.

Ober-/Unterhitze: etwa 180 °C
Heißluft: etwa 160 °C
Backzeit: 12–15 Minuten je Backblech.

4 Die Plätzchen mit dem Backpapier von den Backblechen auf Kuchenroste ziehen. Plätzchen erkalten lassen.

5 Zum Bestreichen Gelee glatt rühren. Die Hälfte der Plätzchen auf der Unterseite mit dem Gelee bestreichen. Die restlichen Plätzchen jeweils mit der Unterseite darauf legen und gut andrücken.

6 Für den Guss Kuvertüre in kleine Stücke hacken und mit Speiseöl in einem kleinen Topf im Wasserbad bei schwacher Hitze schmelzen. Die Plätzchen je zur Hälfte hineintauchen und auf Backpapier legen. Jeweils eine Mandel darauf legen und Guss fest werden lassen.

Mandelplätzchen

Zubereitungszeit: 25 Minuten
Insgesamt: E: 67 g, F: 149 g, Kh: 214 g, kJ: 10248, kcal: 2447 | Klassisch

Für den Teig:
4 Eiweiß (Größe M)
200 g feiner Zucker
1 EL Zitronensaft
1 1/2 TL Dr. Oetker Finesse Geriebene Zitronenschale
250 g abgezogene, gehobelte Mandeln

Zum Bestreuen:
25 g abgezogene, gehobelte Mandeln

1 Für den Teig Eiweiß mit Handrührgerät mit Rührbesen auf höchster Stufe steif schlagen. Der Schnee muss so fest sein, dass ein Messerschnitt sichtbar bleibt, nach und nach Zucker unterschlagen. Zitronensaft und -schale nach und nach kurz unterschlagen. Mandeln vorsichtig unterheben.

2 Von dem Teig mit 2 Teelöffeln Häufchen mit Abstand auf Backbleche (mit Backpapier belegt) setzen. Teighäufchen mit Mandeln bestreuen. Die Backbleche nacheinander (bei Heißluft zusammen) in den vorgeheizten Backofen schieben.

Ober-/Unterhitze: etwa 140 °C
Heißluft: etwa 120 °C
Backzeit: etwa 25 Minuten je Backblech.

3 Die Plätzchen mit dem Backpapier von den Backblechen auf Kuchenroste ziehen. Plätzchen erkalten lassen.

Tipp

Die Mandelplätzchen behalten ihre äußere Knusprigkeit in gut schließenden Dosen.

Honigfinger

Zubereitungszeit: 45 Minuten, ohne Kühlzeit
Insgesamt: E: 57 g, F: 79 g, Kh: 435 g, kJ: 11565, kcal: 2762 | Für Kinder

Tipp

2–3 Wochen vor Weihnachten backen und in einer Blechdose aufbewahren.

Für den Knetteig:
250 g Weizenmehl
2 TL Dr. Oetker Backin
200 g Zucker
$^{1}/_{2}$ TL gemahlene Nelken
2 TL Lebkuchengewürz
1 TL gemahlener Zimt
1 Pck. Dr. Oetker Finesse Geriebene Zitronenschale
3 EL flüssiger Honig
2 Eier (Größe M)
100 g fein gehackte Haselnusskerne

1 Für den Teig Mehl mit Backpulver mischen, in eine Rührschüssel sieben und Zucker, Gewürze, Zitronenschale, Honig, Eier und Haselnüsse hinzufügen. Die Zutaten mit Handrührgerät mit Knethaken zunächst auf niedrigster, dann auf höchster Stufe gut durcharbeiten.

2 Anschließend auf der bemehlten Arbeitsfläche zu einem glatten Teig verkneten. Sollte er kleben, ihn in Folie gewickelt einige Stunden kalt stellen.

3 Aus dem Teig Rollen etwa so groß wie Finger formen (etwa 4 cm lang und 1,5 cm breit) und mit großem Abstand auf ein Backblech (gefettet, mit Backpapier belegt) legen. Das Backblech in den vorgeheizten Backofen schieben.

Ober-/Unterhitze: etwa 180 °C
Heißluft: etwa 160 °C
Backzeit: 12–15 Minuten.

4 Die Honigfinger mit dem Backpapier vom Backblech auf einen Kuchenrost ziehen und darauf erkalten lassen.

Mandelbrocken

Zubereitungszeit: 40 Minuten, ohne Teiggehzeit
Insgesamt: E: 75 g, F: 252 g, Kh: 234 g, kJ: 14601, kcal: 3487 | Dauert länger

Zum Vorbereiten:
200 g ungeschälte, ganze Mandeln

Für den Hefeteig:
180 g Weizenmehl (Type 550)
1/2 Pck. (21 g) frische Hefe
125 ml (1/8 l) lauwarme Milch
40 g flüssiger Honig
60 g Zucker
1 Prise Salz
1 TL gemahlener Zimt
125 g zerlassene, abgekühlte Butter oder Margarine

Für den Belag:
etwa 50 g ungeschälte, ganze Mandeln

Zum Bestreichen:
2 EL Schlagsahne

1 Zum Vorbereiten Mandeln grob hacken (Blitzhacker) oder mit einem Messer klein schneiden.

2 Für den Teig Mehl in eine Rührschüssel sieben, in die Mitte eine Vertiefung drücken und Hefe hineinbröckeln. Milch mit Honig verrühren, hinzufügen und mit einer Gabel vorsichtig verrühren. Den Teigbrei so lange an einem warmen Ort gehen lassen, bis er sich sichtbar vergrößert hat.

3 Zucker, Salz, Zimt, gehackte Mandeln und Butter oder Margarine hinzufügen. Die Zutaten mit Handrührgerät mit Knethaken zunächst kurz auf niedrigster, dann auf höchster Stufe in etwa 5 Minuten zu einem Teig verarbeiten. Den Teig zugedeckt so lange an einem warmen Ort gehen lassen, bis er sich sichtbar vergrößert hat.

4 Den Teig mit zwei Teelöffeln in Häufchen auf Backbleche (mit Backpapier belegt) setzen, dabei genügend Abstand zwischen den Teighäufchen lassen. Auf jedes Teighäufchen eine Mandel legen und andrücken. Die Teighäufchen mit Sahne bestreichen. Die Backbleche nacheinander (bei Heißluft zusammen) in den vorgeheizten Backofen schieben.

Ober-/Unterhitze: etwa 180 °C
Heißluft: etwa 160 °C
Backzeit: 20–25 Minuten je Backblech.

5 Die Mandelbrocken mit dem Backpapier von den Backblechen auf Kuchenroste ziehen, Mandelbrocken erkalten lassen.

Feine Nussplätzchen

Zubereitungszeit: 50 Minuten, ohne Kühlzeit
Insgesamt: E: 61 g, F: 297 g, Kh: 374 g, kJ: 18491, kcal: 4419 | **Einfach**

Für den Knetteig:
250 g Weizenmehl
1 TL Dr. Oetker Backin
150 g Zucker
1 Pck. Dr. Oetker Vanillin-Zucker
3 Tropfen Bittermandel-Aroma
4–5 EL Milch
150 g Butter oder Margarine
200 g gemahlene Haselnusskerne

Zum Belegen:
etwa 70 g Haselnusskerne

Zum Bestreichen:
Kondensmilch

1 Für den Teig Mehl mit Backpulver mischen und in eine Rührschüssel sieben. Zucker, Vanillin-Zucker, Aroma, Milch, Butter oder Margarine und Haselnusskerne hinzufügen und die Zutaten mit Handrührgerät mit Knethaken zunächst kurz auf niedrigster, dann auf höchster Stufe gut durcharbeiten.

2 Anschließend auf der bemehlten Arbeitsfläche zu einem glatten Teig verkneten. Aus dem Teig 2 etwa 24 cm lange Rollen formen. Die Teigrollen in Frischhaltefolie gewickelt mindestens 1 Stunde kalt stellen. Zum Belegen Haselnusskerne mit einem scharfen Messer halbieren oder in Stücke hacken.

3 Die Teigrollen mit einem Sägemesser in 4–5 mm dicke Scheiben schneiden, dabei die Teigrollen immer wieder drehen, damit die Scheiben gleichmäßig abgeschnitten werden. Teigscheiben auf Backbleche (gefettet, mit Backpapier belegt) legen und mit Kondensmilch bestreichen. Die Teigscheiben mit je einer Haselnusshälfte belegen oder mit gehackten Haselnusskernen bestreuen, leicht eindrücken. Die Backbleche nacheinander (bei Heißluft zusammen) in den vorgeheizten Backofen schieben.

Ober-/Unterhitze: 180–200 °C
Heißluft: 160–180 °C
Backzeit: etwa 10 Minuten je Backblech.

4 Die Plätzchen mit dem Backpapier von den Backblechen auf Kuchenroste ziehen. Plätzchen erkalten lassen.

Cashewkern-Taler

Zubereitungszeit: 40 Minuten, ohne Kühlzeit
Insgesamt: E: 76 g, F: 244 g, Kh: 338 g, kJ: 16084, kcal: 3842 | **Einfach**

Für den Knetteig:
150 g Weizenmehl
150 g brauner Zucker (Rohrzucker)
2 Eier (Größe M)
1 TL gemahlener Ingwer
1 TL gemahlener Kardamom
150 g Butter
250 g fein gehackte oder grob gemahlene Cashewkerne, ungesalzen

1 Für den Teig Mehl in eine Rührschüssel sieben. Zucker, Eier, Ingwer, Kardamom und Butter hinzufügen und die Zutaten mit Handrührgerät mit Rührbesen zunächst kurz auf niedrigster, dann auf höchster Stufe gut durcharbeiten.

2 Anschließend auf der bemehlten Arbeitsfläche mit den Cashewkernen zu einem glatten Teig verarbeiten, evtl. etwas Mehl hinzufügen. Den Teig zu Rollen (Ø etwa $2\frac{1}{2}$ cm) formen und in Frischhaltefolie gewickelt einige Stunden oder über Nacht kalt stellen.

3 Die Teigrollen in etwa $\frac{1}{2}$ cm dicke Scheiben schneiden und auf Backbleche (mit Backpapier belegt) legen. Die Backbleche nacheinander (bei Heißluft zusammen) in den vorgeheizten Backofen schieben.

Ober-/Unterhitze: 180–200 °C
Heißluft: 160–180 °C
Backzeit: etwa 12 Minuten je Backblech.

4 Das Gebäck mit dem Backpapier von den Backblechen auf Kuchenroste ziehen. Gebäck erkalten lassen.

Tipp

Cashewkerne können durch gemahlene Erdnuss-, Haselnuss- oder Walnusskerne ersetzt werden. Noch intensiver schmecken die Taler, wenn die Cashewkerne vorher in einer Pfanne ohne Fett geröstet und erkaltet unter den Teig gearbeitet werden. Cashewkern-Taler mit aufgelöster Vollmilch-Kuvertüre besprenkeln oder je einen Tropfen Vollmilch-Kuvertüre auf die Taler geben.

Engadiner Mandelscheiben

Zubereitungszeit: 30 Minuten, ohne Kühlzeit
Insgesamt: E: 47 g, F: 266 g, Kh: 353 g, kJ: 16802, kcal: 4013 | **Raffiniert**

Für den Knetteig:
250 g Weizenmehl
1 Pck. Dr. Oetker Pudding-Pulver Schokolade
1 TL Kakaopulver
125 g gesiebter Puderzucker
1 Pck. Dr. Oetker Vanillin-Zucker
1 Prise Salz
250 g Butter oder Margarine
100 g abgezogene, halbierte Mandeln

1 Für den Teig Mehl mit Pudding-Pulver und Kakao mischen, in eine Rührschüssel sieben und Puderzucker, Vanillin-Zucker, Salz und Butter oder Margarine hinzugeben. Die Zutaten mit Handrührgerät mit Knethaken zunächst kurz auf niedrigster, dann auf höchster Stufe gut durcharbeiten.

2 Anschließend auf der bemehlten Arbeitsfläche zu einem glatten Teig verkneten und Mandeln unterkneten. Sollte der Teig kleben, ihn in Folie gewickelt eine Zeit lang kalt stellen.

3 Den Teig zu 3–4 cm dicken Rollen formen. Teigrollen so lange kalt stellen, bis sie hart geworden sind.

4 Die Teigrollen mit einem scharfen Messer in etwa ½ cm dicke Scheiben schneiden und auf Backbleche (mit Backpapier belegt) legen. Die Backbleche nacheinander (bei Heißluft zusammen) in den vorgeheizten Backofen schieben.

Ober-/Unterhitze: 180–200 °C
Heißluft: 160–180 °C
Backzeit: etwa 15 Minuten je Backblech.

5 Das Gebäck mit Backpapier von den Backblechen auf Kuchenroste ziehen. Gebäck erkalten lassen.

Haselnussmakronen

Zubereitungszeit: 40 Minuten
Insgesamt: E: 57 g, F: 216 g, Kh: 238 g, kJ: 12971, kcal: 3099 | **Gut vorzubereiten**

Für die Eiweißmasse:
4 Eiweiß (Größe M)
200 g feinkörniger Zucker
1 Msp. gemahlener Zimt
4 Tropfen Bittermandel-Aroma
200 g in Scheiben geschnittene Haselnusskerne
150 g gemahlene Haselnusskerne

1 Für die Eiweißmasse Eiweiß mit Handrührgerät mit Rührbesen auf höchster Stufe steif schlagen. Der Schnee muss so fest sein, dass ein Messerschnitt sichtbar bleibt. Nach und nach Zucker, Zimt und Aroma unterschlagen.

2 Haselnussscheiben und gemahlene Haselnusskerne vorsichtig unter die Eischneemasse heben (nicht rühren). Die Masse mit 2 Teelöffeln in Häufchen auf ein Backblech (mit Backpapier belegt) setzen. Das Backblech in den vorgeheizten Backofen schieben.

Ober-/Unterhitze: etwa 180 °C
Heißluft: etwa 160 °C
Backzeit: 12–15 Minuten.

3 Die Makronen mit dem Backpapier vom Backblech auf einen Kuchenrost ziehen. Makronen erkalten lassen.

Erdnussrauten

Zubereitungszeit: 60 Minuten, ohne Abkühlzeit
Insgesamt: E: 123 g, F: 248 g, Kh: 321 g, kJ: 16700, kcal: 3991 | **Für Gäste**

Zum Vorbereiten:
100 g ungesalzene Erdnusskerne

Für den Knetteig:
250 g Weizenmehl
1 Msp. Dr. Oetker Backin
1 EL Zucker
2 Pck. Dr. Oetker Vanillin-Zucker
1 Eigelb (Größe M)
etwas abgeriebene Schale von 1 Bio-Orange (unbehandelt)
100 g Erdnussbutter
100 g Butter oder Margarine

Für die Baisermasse:
1 Eiweiß (Größe M)
75 g gesiebter Puderzucker

120 g halbierte ungesalzene Erdnusskerne

1 Zum Vorbereiten Erdnusskerne in einer Pfanne ohne Fett goldbraun rösten. Erdnusskerne erkalten lassen und fein mahlen.

2 Für den Teig Mehl mit Backpulver mischen und in eine Rührschüssel sieben. Zucker, Vanillin-Zucker, Eigelb, Orangenschale, Erdnussbutter, Butter oder Margarine und gemahlene Erdnusskerne hinzufügen und die Zutaten mit Handrührgerät mit Knethaken zunächst kurz auf niedrigster, dann auf höchster Stufe gut durcharbeiten.

3 Anschließend auf der bemehlten Arbeitsfläche zu einem glatten Teig verkneten. Sollte er kleben, ihn in Folie gewickelt eine Zeit lang kalt stellen.

4 Den Teig auf der bemehlten Arbeitsfläche etwa 3 mm dick ausrollen und mit einem Teigrädchen Rauten (etwa 8 x 4 ½ cm) ausschneiden. Teigrauten auf Backbleche (mit Backpapier belegt) legen.

5 Für die Baisermasse Eiweiß mit Handrührgerät mit Rührbesen auf höchster Stufe steif schlagen. Der Schnee muss so fest sein, dass ein Messerschnitt sichtbar bleibt. Nach und nach Puderzucker kurz unterschlagen. Die Baisermasse auf den Rauten verteilen und mit Erdnusskernhälften bestreuen. Die Backbleche nacheinander (bei Heißluft zusammen) in den vorgeheizten Backofen schieben.

Ober-/Unterhitze: etwa 180 °C
Heißluft: etwa 160 °C
Backzeit: 15–20 Minuten je Backblech.

6 Das Gebäck mit dem Backpapier von den Backblechen auf Kuchenroste ziehen. Gebäck erkalten lassen.

Nusstaler

Zubereitungszeit: 60 Minuten, ohne Kühlzeit
Insgesamt: E: 62 g, F: 174 g, Kh: 338 g, kJ: 13211, kcal: 3155 | **Einfach – schnell**

Für den Knetteig:
200 g Weizenmehl
50 g Speisestärke
1 TL Dr. Oetker Backin
125 g Zucker
1 Pck. Dr. Oetker Vanillin-Zucker
2 Tropfen Bittermandel-Aroma
1 Prise Salz
1 Ei (Größe M)
125 g Butter oder Margarine
125 g grob gehackte Haselnusskerne

1 Für den Teig Mehl mit Speisestärke und Backpulver mischen und in eine Rührschüssel sieben. Zucker, Vanillin-Zucker, Aroma, Salz, Ei und Butter oder Margarine hinzufügen und die Zutaten mit Handrührgerät mit Rührbesen zunächst kurz auf niedrigster, dann auf höchster Stufe gut durcharbeiten. Nusskerne unterarbeiten.

2 Anschließend auf der bemehlten Arbeitsfläche zu einem glatten Teig verkneten, zu Rollen (Ø etwa 3 cm) formen und in Frischhaltefolie gewickelt einige Stunden oder über Nacht kalt stellen.

3 Die Teigrollen in etwa $^1/_2$ cm dicke Scheiben schneiden und auf Backbleche (mit Backpapier belegt) legen. Die Backbleche nacheinander (bei Heißluft zusammen) in den vorgeheizten Backofen schieben.

Ober-/Unterhitze: etwa 180 °C
Heißluft: etwa 160 °C
Backzeit: 10–15 Minuten je Backblech.

4 Die Nusstaler mit dem Backpapier von den Backblechen auf Kuchenroste ziehen und erkalten lassen.

Tipp

Die Nusstaler sind in einer gut schließenden Dose etwa 4 Wochen haltbar. Statt Haselnusskernen können auch ungesalzene Erdnusskerne verwendet werden.

Süße Walnusshäufchen

Zubereitungszeit: 50 Minuten, ohne Abkühlzeit
Insgesamt: E: 108 g, F: 396 g, Kh: 480 g, kJ: 24620, kcal: 5884 | **Für Gäste**

Für den Rührteig:
200 g weiche Butter oder Margarine
150 g Zucker
1 Pck. Dr. Oetker Vanillin-Zucker
2 Eier (Größe M)
100 g Magerquark
300 g Weizenmehl
1 TL Dr. Oetker Backin
100 g gehackte Walnusskerne
50 g gehackte Vollmilch-Schokolade

Für den Guss:
100 g Zartbitter-Kuvertüre
2 TL Speiseöl

etwa 150 g Walnusskerne

1 Für den Teig Butter oder Margarine mit Handrührgerät mit Rührbesen auf höchster Stufe geschmeidig rühren. Nach und nach Zucker und Vanillin-Zucker unterrühren und so lange rühren, bis eine gebundene Masse entstanden ist.

2 Eier nach und nach unterrühren (jedes Ei etwa 1/2 Minute). Quark unterrühren. Mehl mit Backpulver mischen, sieben und in 2 Portionen kurz auf mittlerer Stufe unterrühren. Zuletzt Walnusskerne und Schokoladenstückchen unterheben.

3 Den Teig mit 2 Teelöffeln in Häufchen auf Backbleche (gefettet, mit Backpapier belegt) setzen, dabei genügend Abstand zwischen den Teighäufchen lassen. Die Backbleche nacheinander (bei Heißluft zusammen) in den vorgeheizten Backofen schieben.

Ober-/Unterhitze: etwa 180 °C
Heißluft: etwa 160 °C
Backzeit: 15–20 Minuten je Backblech.

4 Die Plätzchen mit dem Backpapier von den Backblechen auf Kuchenroste ziehen. Plätzchen erkalten lassen.

5 Für den Guss Kuvertüre in kleine Stücke hacken und mit Speiseöl in einem kleinen Topf im Wasserbad bei schwacher Hitze zu einer geschmeidigen Masse verrühren. Das Gebäck zur Hälfte in die Kuvertüre tauchen und mit Walnusskernen belegen (Walnusskerne nach Belieben zur Hälfte mit der Kuvertüre bestreichen). Kuvertüre fest werden lassen.

Schokoladen-Nuss-Plätzchen

Zubereitungszeit: 75 Minuten, ohne Kühlzeit
Insgesamt: E: 72 g, F: 254 g, Kh: 447 g, kJ: 18222, kcal: 4351 | **Für Kinder**

Zum Vorbereiten:
100 g Zartbitter-Schokolade

Für den Knetteig:
250 g Weizenmehl
½ TL Dr. Oetker Backin
125 g Zucker
1 Ei (Größe M)
125 g weiche Butter
2 EL Milch
60 g grob gemahlene Walnusskerne
60 g grob gemahlene Mandeln
60 g Rosinen

Für den Guss:
100 g Zartbitter-Schokolade
1 TL Speiseöl

Tipp

In einer gut schließenden Dose an einem kühlen Ort gelagert, halten sich die Schokoladen-Nuss-Plätzchen mehrere Wochen.

1 Zum Vorbereiten Schokolade in kleine Stücke schneiden.

2 Für den Teig Mehl mit Backpulver mischen und in eine Rührschüssel sieben. Zucker, Ei, Butter und Milch hinzufügen und die Zutaten mit Handrührgerät mit Knethaken zunächst kurz auf niedrigster, dann auf höchster Stufe gut durcharbeiten. Walnusskerne, Mandeln, Rosinen und Schokoladenstückchen unterarbeiten.

3 Anschließend kurz auf der bemehlten Arbeitsfläche zu einem glatten Teig verarbeiten und in Folie gewickelt einige Stunden (am besten über Nacht) kalt stellen. Aus dem Teig 3–4 Rollen formen und jeweils zu einem Rechteck (etwa 5 x 2 cm) formen.

4 Aus den Teigrechtecken knapp 1 cm dicke Scheiben schneiden und mit Abstand auf Backbleche (mit Backpapier belegt) legen. Die Backbleche nacheinander (bei Heißluft zusammen) in den vorgeheizten Backofen schieben.

Ober-/Unterhitze: etwa 180 °C
Heißluft: etwa 160 °C
Backzeit: etwa 15 Minuten je Backblech.

5 Die Plätzchen mit dem Backpapier von den Backblechen auf Kuchenroste ziehen. Plätzchen erkalten lassen.

6 Für den Guss Schokolade in Stücke brechen und mit Speiseöl in einem kleinen Topf im Wasserbad unter Rühren schmelzen. Die Plätzchen jeweils mit einer Ecke oder Seite hineintauchen, die Unterseite abstreifen und auf Backpapier setzen. Guss fest werden lassen.

Würzige Halbmonde

Zubereitungszeit: etwa 60 Minuten, ohne Kühlzeit
Insgesamt: E: 55 g, F: 239 g, Kh: 407 g, kJ: 17322, kcal: 4138 | **Für Kinder**

Für den Knetteig:
250 g Weizenmehl
1/2 TL Dr. Oetker Backin
125 g Zucker
1 Pck. Dr. Oetker Vanillin-Zucker
1 TL Dr. Oetker Finesse Weihnachts-Aroma
1 Ei (Größe M)
125 g weiche Butter oder Margarine
100 g gehackte Haselnusskerne

Für den Guss:
100–150 g Zartbitter-Kuvertüre
1 TL Speiseöl

1 Für den Teig Mehl mit Backpulver mischen und in eine Rührschüssel sieben. Zucker, Vanillin-Zucker, Aroma, Ei, Butter oder Margarine und Haselnusskerne hinzufügen und mit Handrührgerät mit Knethaken zunächst kurz auf niedrigster, dann auf höchster Stufe gut durcharbeiten.

2 Anschließend auf der bemehlten Arbeitsfläche zu einem glatten Teig verkneten. Sollte er kleben, ihn eine Zeit lang in Folie gewickelt kalt stellen.

3 Den Teig knapp 1/2 cm dick ausrollen, etwa 50 Halbmonde ausstechen und auf Backbleche (mit Backpapier belegt) legen. Die Backbleche nacheinander (bei Heißluft zusammen) in den vorgeheizten Backofen schieben.

Ober-/Unterhitze: etwa 180 °C
Heißluft: etwa 160 °C
Backzeit: 10–12 Minuten je Backblech.

4 Die Halbmonde mit dem Backpapier von den Backblechen ziehen und auf Kuchenrosten erkalten lassen.

5 Für den Guss die Kuvertüre hacken, mit dem Öl in einem kleinen Topf im Wasserbad bei schwacher Hitze zu einer geschmeidigen Masse verrühren und die Halbmonde mit einer Spitze eintauchen. Die Halbmonde auf Backpapier legen und den Guss fest werden lassen.

Abwandlung

Für Ingwermonde den Teig anstatt mit Dr. Oetker Finesse Weihnachts-Aroma mit etwa 1 1/2 Teelöffeln gemahlenem Ingwer würzen und mit abgezogenen, gemahlenen Mandeln zubereiten. Die in Kuvertüreguss getauchten Halbmondspitzen mit kandiertem, fein gewürfeltem Ingwer bestreuen.

Tipp

Wer keine Ausstechform für Halbmonde besitzt, kann auch einen runden Ausstecher (Ø etwa 6 cm) benutzen und mit dem gleichen Ausstecher dann Halbmonde ausstechen.

Wespennester

Zubereitungszeit: etwa 25 Minuten
Insgesamt: E: 70 g, F: 175 g, Kh: 333 g, kJ: 13295, kcal: 3176 | **Gut vorzubereiten**

Für die Eiweißmasse:
125 g Vollmilch-Schokolade
3 Eiweiß (Größe M)
250 g feinkörniger Zucker
1 Pck. Dr. Oetker Vanillin-Zucker
250 g abgezogene, gehackte Mandeln

1 Für die Eiweißmasse gut gekühlte Schokolade auf einer Küchenreibe fein reiben. Eiweiß in einer Rührschüssel mit Handrührgerät und Rührbesen auf höchster Stufe so steif schlagen, dass ein Messerschnitt sichtbar bleibt. Zucker und Vanillin-Zucker nach und nach auf höchster Stufe kurz unterschlagen.

2 Schokolade und Mandeln vorsichtig auf niedrigster Stufe unterheben. Die Masse mit 2 Teelöffeln in Häufchen auf Backbleche (mit Backpapier belegt) setzen. Die Backbleche nacheinander (bei Heißluft zusammen) in den vorgeheizten Backofen schieben.

Ober-/Unterhitze: etwa 140 °C
Heißluft: etwa 120 °C
Backzeit: etwa 25 Minuten je Backblech.

3 Die Wespennester mit dem Backpapier von den Backblechen auf Kuchenroste ziehen. Wespennester erkalten lassen.

Zimtberge

Zubereitungszeit: 40 Minuten, ohne Abkühlzeit
Insgesamt: E: 49 g, F: 161 g, Kh: 250 g, kJ: 11002, kcal: 2628 | **Preiswert**

Zum Vorbereiten:
200 g gemahlene Haselnusskerne

Für die Eiweißmasse:
3 Eiweiß (Größe M)
1 TL Zitronensaft
220 g gesiebter Puderzucker
2 TL gemahlener Zimt
1 Pck. Dr. Oetker Finesse Geriebene Zitronenschale
70 g abgezogene, gemahlene Mandeln

1 Zum Vorbereiten Haselnusskerne in einer Pfanne ohne Fett kurz rösten und auf einem Teller erkalten lassen.

2 Für die Eiweißmasse Eiweiß und Zitronensaft mit Handrührgerät mit Rührbesen auf höchster Stufe steif schlagen. Der Schnee muss so fest sein, dass ein Messerschnitt sichtbar bleibt. Nach und nach Puderzucker unterschlagen. Zwei gehäufte Esslöffel der Eischneemasse abnehmen, in einen kleinen Gefrierbeutel geben und den Beutel verschließen.

3 Zimt, Zitronenschale, Mandeln und Haselnusskerne mischen und in 2 Portionen kurz auf mittlerer Stufe unter die restliche Eischneemasse rühren.

4 Die Masse mit zwei Teelöffeln in Häufchen auf Backbleche (mit Backpapier belegt) geben, dabei genügend Abstand zwischen den Häufchen lassen.

5 Von dem Gefrierbeutel mit der Eischneemasse eine kleine Ecke abschneiden und auf jeden Zimtberg eine Spitze spritzen. Die Backbleche nacheinander (bei Heißluft zusammen) in den vorgeheizten Backofen schieben.

Ober-/Unterhitze: etwa 150 °C
Heißluft: etwa 130 °C
Backzeit: 25–30 Minuten je Backblech.

6 Zimtberge mit dem Backpapier von den Backblechen auf Kuchenroste ziehen und erkalten lassen.

Zartes Mandelgebäck

Zubereitungszeit: 30 Minuten, ohne Kühlzeit
Insgesamt: E: 76 g, F: 339 g, Kh: 490 g, kJ: 22343, kcal: 5339 | **Schnell**

Für den Knetteig:
375 g Weizenmehl
1 TL Dr. Oetker Backin
125 g Zucker
1 Pck. Dr. Oetker Vanillin-Zucker
1 Prise Salz
2 Tropfen Bittermandel-Aroma
abgeriebene Schale von 1 Bio-Zitrone (unbehandelt)
1 Ei (Größe M)
250 g Butter oder Margarine
100 g abgezogene, gehobelte Mandeln

Für den Guss:
175 g Zartbitter-Schokolade
1 EL Speiseöl

1 Für den Teig Mehl mit Backpulver mischen und in eine Rührschüssel sieben. Zucker, Vanillin-Zucker, Salz, Aroma, Zitronenschale, Ei, Butter oder Margarine und Mandeln hinzufügen und die Zutaten mit Handrührgerät mit Knethaken zunächst kurz auf niedrigster, dann auf höchster Stufe gut durcharbeiten.

2 Anschließend auf der bemehlten Arbeitsfläche zu einem glatten Teig verkneten und zu einem Rechteck (etwa 14 x 22 cm) ausrollen. Teigplatte mit Folie zugedeckt über Nacht kalt stellen.

3 Die Teigplatte in Streifen (22 x 3,5 cm) schneiden. Teigstreifen anschließend in 1/2–1 cm breite Scheiben schneiden und auf Backbleche legen. Die Backbleche nacheinander (bei Heißluft zusammen) in den vorgeheizten Backofen schieben.

Ober-/Unterhitze: etwa 180 °C
Heißluft: etwa 160 °C
Backzeit: 10–15 Minuten je Backblech.

4 Das Gebäck mit dem Backpapier von den Backblechen auf Kuchenroste ziehen. Gebäck erkalten lassen.

5 Für den Guss Schokolade in Stücke brechen und mit Speiseöl in einem kleinen Topf im Wasserbad schmelzen. Die Plätzchen zur Hälfte hineintauchen und auf Backpapier legen. Guss fest werden lassen.

Pistazien-Marzipan-Herzen

Zubereitungszeit: 50 Minuten, ohne Kühlzeit
Insgesamt: E: 45 g, F: 161 g, Kh: 298 g, kJ: 11866, kcal: 2844 | **Mit Alkohol**

Für die Marzipanmasse:
200 g Marzipan-Rohmasse
100 g gesiebter Puderzucker
50 g gemahlene Pistazienkerne
1 EL Kirsch- oder Marillenlikör

etwas gesiebter Puderzucker für die Ausstechform

Für den Guss:
150–200 g Zartbitter-Kuvertüre
2 TL Speiseöl

Zum Garnieren:
Pistazienkerne

1 Für die Marzipanmasse Marzipan-Rohmasse in Stücke schneiden und in eine Rührschüssel geben. Puderzucker, Pistazienkerne und Kirsch- oder Marillenlikör hinzufügen und die Zutaten mit Handrührgerät mit Rührbesen verkneten. Die Marzipanmasse auf einer mit Puderzucker bestäubten Arbeitsfläche etwa 1 cm dick ausrollen und mit einer Ausstechform Herzen (etwa 4 cm groß) ausstechen (die Ausstechform jeweils vorher in Puderzucker tauchen).

2 Die Marzipan-Herzen jeweils vorsichtig aus der Ausstechform drücken (an der Form haftende Marzipanreste entfernen). Die Marzipan-Herzen mit Alufolie zugedeckt 1–2 Stunden kalt stellen.

3 Für den Guss Kuvertüre in Stücke hacken und mit Speiseöl in einem kleinen Topf im Wasserbad bei schwacher Hitze geschmeidig rühren. Die Marzipan-Herzen einzeln (mit Hilfe von 2 Gabeln oder Pralinenbesteck) in die Kuvertüre tauchen. Die Kuvertüre am Topfrand gut abstreifen. Die Herzen auf Backpapier setzen und mit Pistazienkernen garnieren. Den Guss fest werden lassen (evtl. Herzen zwischendurch umsetzen, damit keine „Füßchen" entstehen).

Tipp

Zum Eintauchen der Förmchen Puderzucker 1 cm hoch in einen tiefen Teller füllen und die Form zwischen den Ausstechvorgängen immer wieder eintauchen. Die Pistazien-Marzipan-Herzen sind in gut schließenden Dosen etwa 2 Wochen haltbar.

Mandelstäbchen

Zubereitungszeit: 50 Minuten, ohne Abkühlzeit
Insgesamt: E: 26 g, F: 85 g, Kh: 170 g, kJ: 6826, kcal: 1630 | **Schnell**

Für den Teig:
100 g gewürfeltes Orangeat
100 g abgezogene, gemahlene Mandeln
50 g gesiebter Puderzucker
1 Eiweiß (Größe M)
2 Tropfen Bittermandel-Aroma

etwas Puderzucker

75 g Zartbitter-Kuvertüre
1 TL Speiseöl

Tipp

Die Mandelstäbchen gekühlt in einer gut schließenden Dose aufbewahren.

1 Orangeat fein hacken. Orangeatstückchen, Mandeln, Puderzucker, Eiweiß und Aroma in einen Topf geben und die Zutaten unter Rühren so lange erhitzen, bis die Masse glänzt, abkühlen lassen.

2 Puderzucker auf eine Arbeitsfläche sieben. Die Masse darauf geben und 2–3 Rollen daraus formen. Von den Rollen gleichmäßige Stücke abschneiden und diese zu etwa 5 cm langen, bleistiftdünnen Stäbchen formen.

3 Für den Guss Kuvertüre in kleine Stücke hacken und mit Speiseöl in einem kleinen Topf im Wasserbad bei schwacher Hitze zu einer geschmeidigen Masse verrühren. Die Enden der Stäbchen hineintauchen, auf der Unterseite etwas abstreifen und auf Backpapier legen. Mandelstäbchen trocknen lassen.

Mandelsterne

Zubereitungszeit: 70 Minuten, ohne Kühlzeit
Insgesamt: E: 79 g, F: 257 g, Kh: 372 g, kJ: 18197, kcal: 4347 | **Einfach**

Für den Knetteig:
300 g Weizenmehl
20 g Kakaopulver
1 TL Dr. Oetker Backin
75 g Zucker
1 Pck. Dr. Oetker Vanillin-Zucker
3 Tropfen Bittermandel-Aroma
3 EL Milch
175 g Butter oder Margarine

Zum Bestreichen:
etwas Kondensmilch

Zum Bestreuen:
50 g Zucker
200 g abgezogene, gehobelte Mandeln

1 Für den Teig Mehl mit Kakao und Backpulver mischen, in eine Rührschüssel sieben und Zucker, Vanillin-Zucker, Aroma, Milch und Butter oder Margarine hinzufügen. Die Zutaten mit Handrührgerät mit Knethaken zunächst kurz auf niedrigster, dann auf höchster Stufe gut durcharbeiten.

2 Anschließend auf der bemehlten Arbeitsfläche zu einem glatten Teig verkneten. Sollte er kleben, ihn in Folie gewickelt eine Zeit lang kalt stellen.

3 Den Teig portionsweise auf der bemehlten Arbeitsfläche knapp ½ cm dick ausrollen und mit einer Ausstechform Sterne ausstechen. Teigsterne auf Backbleche (mit Backpapier belegt) legen. Die Teigsterne mit Kondensmilch bestreichen und mit Zucker und Mandeln bestreuen.

4 Die Backbleche nacheinander (bei Heißluft zusammen) in den vorgeheizten Backofen schieben.

Ober-/Unterhitze: etwa 180 °C
Heißluft: etwa 160 °C
Backzeit: etwa 10 Minuten je Backblech.

5 Die Mandelsterne mit dem Backpapier von den Backblechen auf Kuchenroste ziehen. Mandelsterne erkalten lassen.

Krokantplätzchen

Zubereitungszeit: 80 Minuten, ohne Kühlzeit
Insgesamt: E: 59 g, F: 227 g, Kh: 434 g, kJ: 16921, kcal: 4040 | **Für Kinder**

Für den Knetteig:
300 g Weizenmehl
1 TL Dr. Oetker Backin
100 g Zucker
1 Pck. Dr. Oetker Vanillin-Zucker
1 Ei (Größe M)
150 g Butter oder Margarine

Zum Bestreichen:
20 g Schlagsahne

Zum Wälzen:
100 g Haselnuss-Krokant

Zum Verzieren:
50 g Kuchenglasur

Zum Garnieren:
etwa 100 g abgezogene, halbierte Mandeln

1 Für den Teig Mehl mit Backpulver mischen und in eine Rührschüssel sieben. Zucker, Vanillin-Zucker, Ei und Butter oder Margarine hinzufügen und die Zutaten mit Handrührgerät mit Knethaken zunächst kurz auf niedrigster, dann auf höchster Stufe gut durcharbeiten.

2 Anschließend auf der leicht bemehlten Arbeitsfläche zu einem glatten Teig verkneten. Sollte er kleben, ihn in Folie gewickelt eine Zeit lang kalt stellen.

3 Aus dem Teig 2–3 Rollen (Ø etwa 3 cm) formen und mit Sahne bestreichen. Teigrollen in Krokant wälzen und nochmals so lange kalt stellen, bis die Teigrollen fest geworden sind.

4 Die Teigrollen in etwa ½ cm dicke Scheiben schneiden und auf Backbleche (mit Backpapier belegt) legen. Die Backbleche nacheinander (bei Heißluft zusammen) in den vorgeheizten Backofen schieben.

Ober-/Unterhitze: etwa 200 °C
Heißluft: etwa 180 °C
Backzeit: 8–10 Minuten je Backblech.

5 Die Plätzchen mit dem Backpapier von den Backblechen auf Kuchenroste ziehen und erkalten lassen.

6 Zum Verzieren Kuchenglasur nach Packungsanleitung auflösen. Jeweils etwas von der Glasur mit einem kleinen Teelöffel in die Mitte jedes Plätzchens geben und mit je einer halbierten Mandel belegen, Glasur trocknen lassen.

Zarte Walnusswölkchen

Zubereitungszeit: 40 Minuten, ohne Trockenzeit
Insgesamt: E: 69 g, F: 87 g, Kh: 245 g, kJ: 8755, kcal: 2090 | **Einfach**

Für den Teig:
3 Eiweiß (Größe M)
1 Prise Salz
200 g gesiebter Puderzucker
75 g Frischkäse
300 g gemahlene Walnusskerne
2 Eigelb (Größe M)
1 Pck. Dr. Oetker Vanillin-Zucker

90 Oblaten

1 Für den Teig Eiweiß und Salz mit Handrührgerät mit Rührbesen auf höchster Stufe steif schlagen. Der Eischnee muss so fest sein, dass ein Messerschnitt sichtbar bleibt. Nach und nach Puderzucker unterrühren.

2 Frischkäse mit Walnüssen, Eigelb und Vanillin-Zucker glatt rühren und den Eischnee unterheben.

3 Masse mit zwei nassen Teelöffeln als kleine Häufchen auf die Oblaten setzen und 3 Stunden antrocknen lassen. Oblaten auf ein Backblech (mit Backpapier belegt) legen und das Backblech in den vorgeheizten Backofen schieben.

Ober-/Unterhitze: 140–160 °C
Heißluft: 120–140 °C
Backzeit: etwa 20 Minuten.

4 Die Walnusswölkchen vom Backblech ziehen und auf einem Kuchenrost erkalten lassen.

Schneehäubchen

Zubereitungszeit: 55 Minuten
Insgesamt: E: 49 g, F: 150 g, Kh: 290 g, kJ: 11233, kcal: 2682 | Gut vorzubereiten

Für die Eiweißmasse:
3 Eiweiß (Größe M)
250 g gesiebter Puderzucker
125 g abgezogene, gemahlene Mandeln
125 g leicht geröstete, gemahlene Haselnusskerne

Außerdem:
etwa 70 Backoblaten (Ø 4 cm)

1 Für die Eiweißmasse Eiweiß mit Handrührgerät mit Rührbesen auf höchster Stufe steif schlagen. Der Schnee muss so fest sein, dass ein Messerschnitt sichtbar bleibt. Puderzucker hineingeben und sofort unterschlagen (4 Esslöffel von dem Eischnee beiseite stellen). Mandeln und Haselnusskerne unter den Eischnee heben.

2 Die Masse mit 2 Teelöffeln in Häufchen auf Oblaten setzen. Häufchen mit dem beiseite gestellten Eischnee bestreichen. Die Oblaten auf Backbleche legen. Die Backbleche nacheinander (bei Heißluft zusammen) in den vorgeheizten Backofen schieben.

Ober-/Unterhitze: etwa 180 °C
Heißluft: etwa 160 °C
Backzeit: etwa 10 Minuten je Backblech.

3 Schneehäubchen von den Backblechen nehmen und auf Kuchenrosten erkalten lassen.

Nusstaler mit Haferflocken

Zubereitungszeit: 40 Minuten, ohne Kühlzeit
Insgesamt: E: 59 g, F: 301 g, Kh: 199 g, kJ: 15643, kcal: 3731 | Einfach – für Kinder

Zum Vorbereiten:
150 g gemahlene Haselnusskerne

Für den Knetteig:
100 g blütenzarte Haferflocken
70 g gesiebtes Weizenmehl
3 EL (60 g) brauner Zuckerrübensirup (Rübenkraut)
2 Pck. Dr. Oetker Vanillin-Zucker
150 g Butter oder Margarine
1 Prise Salz

Zum Bestreichen:
2 EL Milch

Zum Belegen:
150 g Walnusskerne

1 Zum Vorbereiten Haselnusskerne in einer Pfanne ohne Fett goldbraun rösten, auf einen Teller geben und erkalten lassen.

2 Für den Teig Haselnusskerne, Haferflocken und Mehl mischen, in eine Rührschüssel geben und Zuckerrübensirup, Vanillin-Zucker, Butter oder Margarine und Salz hinzufügen. Die Zutaten mit Handrührgerät mit Knethaken zunächst kurz auf niedrigster, dann auf höchster Stufe gut durcharbeiten.

3 Anschließend auf der bemehlten Arbeitsfläche zu einem glatten Teig verkneten und zu einer etwa 24 cm langen Rolle formen. Die Teigrolle in Frischhaltefolie gewickelt etwa 1 Stunde im Gefrierfach anfrieren lassen.

4 Die Teigrolle mit einem Sägemesser in etwa 4 mm dicke Scheiben schneiden, dabei die Rolle immer wieder drehen, damit die Scheiben gleichmäßig werden.

5 Teigscheiben auf Backbleche (gefettet, mit Backpapier belegt) legen und mit Milch bestreichen. Walnusskerne halbieren und die Teigscheiben mit je einer Walnusskernhälfte belegen. Die Backbleche nacheinander (bei Heißluft zusammen) in den vorgeheizten Backofen schieben.

Ober-/Unterhitze: etwa 180 °C
Heißluft: etwa 160 °C
Backzeit: 10–15 Minuten je Backblech.

6 Die Nusstaler mit dem Backpapier von den Backblechen auf Kuchenroste ziehen. Nusstaler erkalten lassen.

Tipp

Die Nusstaler glänzen, wenn sie vor dem Backen mit Eigelbmilch (1 Eigelb und 1 Esslöffel Milch) bestrichen werden.

Mandel-Zimt-Blätter

Zubereitungszeit: 45 Minuten, ohne Kühlzeit
Insgesamt: E: 51 g, F: 187 g, Kh: 324 g, kJ: 13298, kcal: 3175 | Raffiniert

Zum Vorbereiten:
100 g abgezogene, gehobelte Mandeln

Für den Knetteig:
220 g Weizenmehl
20 g Speisestärke
100 g Zucker
1 Pck. Dr. Oetker Vanillin-Zucker
2 TL gemahlener Zimt
1 Prise Salz
1 Ei (Größe M)
150 g Butter oder Margarine

2 EL Zimtzucker

1 Zum Vorbereiten Mandeln in einer Pfanne ohne Fett goldbraun rösten, herausnehmen und auf einem Teller erkalten lassen.

2 Für den Teig Mehl mit Speisestärke mischen und in eine Rührschüssel sieben. Zucker, Vanillin-Zucker, Zimt, Salz, Ei und Butter oder Margarine hinzufügen und die Zutaten mit Handrührgerät mit Knethaken zunächst kurz auf niedrigster, dann auf höchster Stufe gut durcharbeiten.

3 Anschließend auf der leicht bemehlten Arbeitsfläche zu einem glatten Teig verkneten und Mandeln unterkneten. Aus dem Teig zwei Rollen (Länge je etwa 20 cm) formen. Die Teigrollen in Frischhaltefolie gewickelt etwa 30 Minuten im Gefrierfach anfrieren lassen.

4 Die Teigrollen mit Wasser bestreichen und in Zimtzucker wälzen, Zimtzucker andrücken. Die Teigrollen mit einem Sägemesser in etwa 1/2 cm dicke Scheiben schneiden. Dabei die Rollen immer wieder drehen, damit die Scheiben gleichmäßig abgeschnitten werden. Die Teigscheiben auf Backbleche (mit Backpapier belegt) legen. Die Backbleche nacheinander (bei Heißluft zusammen) in den vorgeheizten Backofen schieben.

Ober-/Unterhitze: etwa 180 °C
Heißluft: etwa 160 °C
Backzeit: 10–15 Minuten je Backblech.

5 Die Backbleche auf Kuchenroste stellen. Das Gebäck etwa 5 Minuten auf den Backblechen abkühlen lassen.

6 Dann das Gebäck mit dem Backpapier von den Backblechen auf Kuchenroste ziehen. Gebäck erkalten lassen.

Nuss-Nougat-Plätzchen

Zubereitungszeit: 90 Minuten, ohne Abkühlzeit
Insgesamt: E: 68 g, F: 223 g, Kh: 701 g, kJ: 21638, kcal: 5168 | **Gut vorzubereiten**

Zum Vorbereiten:
200 g Nuss-Nougat

Für die Nougatmasse:
2 Eier (Größe M)
200 g Zucker
1 Pck. Dr. Oetker Vanillin-Zucker
1 Msp. gemahlene Nelken
1 Msp. geriebene Muskatnuss
3 Tropfen Zitronen-Aroma
50 g Rosinen
30 g fein gewürfeltes Orangeat
30 g fein gewürfeltes Zitronat (Sukkade)
250 g gemahlene Haselnusskerne

etwa 60 Backoblaten (Ø etwa 5 cm)

Für den Guss:
250 g gesiebter Puderzucker
4–5 EL Zitronensaft

Zum Bestreuen:
20 g fein gewürfeltes Orangeat
20 g fein gewürfeltes Zitronat (Sukkade)

1 Zum Vorbereiten Nuss-Nougat nach Packungsanleitung auflösen und abkühlen lassen.

2 Für die Nougatmasse Eier mit Handrührgerät mit Rührbesen auf höchster Stufe in 1 Minute schaumig schlagen, Zucker und Vanillin-Zucker mischen, in 1 Minute einstreuen und noch 2 Minuten schlagen.

3 Nuss-Nougat kurz unterrühren. Nelken, Muskat, Aroma, Rosinen, Orangeat, Zitronat und Haselnusskerne mischen und kurz unterheben.

4 Die Masse mit einem feuchten Messer bergartig auf Backoblaten streichen, auf Backbleche legen und die Backbleche nacheinander (bei Heißluft zusammen) in den vorgeheizten Backofen schieben.

Ober-/Unterhitze: etwa 140 °C
Heißluft: etwa 120 °C
Backzeit: 20–25 Minuten je Backblech.

5 Die Plätzchen von den Backblechen nehmen und auf Kuchenroste legen.

6 Für den Guss Puderzucker mit Zitronensaft zu einer dickflüssigen Masse verrühren und die noch warmen Plätzchen damit bestreichen.

7 Die Plätzchen mit Orangeat und Zitronat bestreuen und die Plätzchen erkalten lassen.

Haselnuss-Sterne

Zubereitungszeit: etwa 1 1/2 Stunden, ohne Kühlzeit
Insgesamt: E: 101 g, F: 358 g, Kh: 566 g, kJ: 25453, kcal: 6080 | **Klassisch**

Für den Knetteig:
350 g Weizenmehl
1/2 TL Dr. Oetker Backin
100 g Zucker
1 Pck. Dr. Oetker Vanillin-Zucker
3 Eigelb (Größe M)
200 g weiche Butter oder Margarine

Für die Eiweißmasse:
3 Eiweiß (Größe M)
150 g Puderzucker
100 g gemahlene Haselnusskerne
50 g Raspelschokolade
3 Tropfen Bittermandel-Aroma

150 g enthäutete Haselnusskerne

1 Für den Teig Mehl mit Backpulver mischen, in eine Rührschüssel sieben und Zucker, Vanillin-Zucker, Eigelb und Butter oder Margarine hinzufügen. Die Zutaten mit Handrührgerät mit Knethaken zunächst kurz auf niedrigster, dann auf höchster Stufe gut durcharbeiten. Anschließend auf der bemehlten Arbeitsfläche zu einem glatten Teig verkneten. Sollte er kleben, ihn in Folie gewickelt eine Zeit lang kalt stellen.

2 Den Teig auf der bemehlten Arbeitsfläche in kleinen Portionen knapp 1/2 cm dick ausrollen, mit einer Ausstechform Sterne ausstechen und die Teigsterne auf Backbleche (gefettet, mit Backpapier belegt) legen.

3 Für die Eiweißmasse Eiweiß steif schlagen. Der Eischnee muss so fest sein, dass ein Messerschnitt sichtbar bleibt. Puderzucker sieben und portionsweise mit den Haselnusskernen, der Raspelschokolade und dem Aroma unterrühren. Die Masse in einen Spritzbeutel mit großer Lochtülle füllen, auf jeden Teigstern einen Tuff spritzen, je einen Haselnusskern darauf setzen und leicht andrücken. Die Backbleche nacheinander (bei Heißluft zusammen) in den vorgeheizten Backofen schieben.

Ober-/Unterhitze: etwa 180 °C
Heißluft: etwa 160 °C
Backzeit: etwa 10 Minuten je Backblech.

4 Die Sterne mit dem Backpapier von den Backblechen auf Kuchenroste ziehen, Sterne erkalten lassen und in einer gut schließenden Dose aufbewahren.

Tipp

Haselnusskerne enthäuten. Geben Sie die Haselnusskerne auf ein Backblech in den vorgeheizten Backofen (Ober-/Unterhitze: etwa 200 °C, Heißluft: etwa 180 °C) und rösten Sie die Nusskerne etwa 10 Minuten, bis die braune Haut aufplatzt. Schütten Sie die Haselnusskerne in ein Sieb, lassen Sie sie kurz abkühlen und reiben Sie sie in dem Sieb, bis die Haut entfernt ist.

Mandelmakronen

Zubereitungszeit: 20 Minuten
Insgesamt: E: 41 g, F: 95 g, Kh: 107 g, kJ: 5999, kcal: 1433 | **Klassisch**

Für die Eiweißmasse:
2 Eiweiß (Größe M)
100 g Zucker
1 Msp. gemahlener Zimt
2 Tropfen Bittermandel-Aroma
100 g abgezogene, gemahlene Mandeln
75 g abgezogene, gehackte Mandeln

1 Für die Eiweißmasse Eiweiß mit Handrührgerät mit Rührbesen auf höchster Stufe steif schlagen. Der Schnee muss so fest sein, dass ein Messerschnitt sichtbar bleibt. Nach und nach Zucker, Zimt und Aroma kurz unterschlagen. Gemahlene und gehackte Mandeln vorsichtig auf niedrigster Stufe unterrühren.

2 Den Teig mit 2 Teelöffeln in Häufchen auf Backbleche (mit Backpapier belegt) setzen, dabei genügend Abstand zwischen den Teighäufchen lassen. Die Backbleche nacheinander (bei Heißluft zusammen) in den vorgeheizten Backofen schieben.

Ober-/Unterhitze: etwa 140 °C
Heißluft: etwa 120 °C
Backzeit: etwa 25 Minuten je Backblech.

3 Die Makronen mit dem Backpapier von den Backblechen auf Kuchenroste ziehen, Makronen erkalten lassen.

Nougatkaros

Zubereitungszeit: 30 Minuten, ohne Abkühlzeit
Insgesamt: E: 78 g, F: 325 g, Kh: 446 g, kJ: 21672, kcal: 5179 | Für Gäste – dauert länger

Für den Knetteig:
250 g Weizenmehl
½ TL Dr. Oetker Backin
75 g Zucker
1 Pck. Dr. Oetker Vanillin-Zucker
1 Ei (Größe M)
200 g Butter oder Margarine
150 g gemahlene, leicht geröstete Haselnusskerne

Für die Füllung:
200 g Nuss-Nougat

Für den Guss:
50–75 g Zartbitter-Kuvertüre

1 Für den Teig Mehl mit Backpulver mischen, in eine Rührschüssel sieben und Zucker, Vanillin-Zucker, Ei und Butter oder Margarine hinzufügen. Die Zutaten mit Handrührgerät mit Knethaken zunächst kurz auf niedrigster, dann auf höchster Stufe durcharbeiten.

2 Anschließend auf der bemehlten Arbeitsfläche mit den Haselnusskernen zu einem glatten Teig verkneten. Sollte er kleben, ihn in Folie gewickelt eine Zeit lang kalt stellen.

3 Den Teig portionsweise auf der bemehlten Arbeitsfläche dünn ausrollen, in Quadrate von etwa 3 x 3 cm schneiden oder rädern und Teigstücke auf Backbleche (gefettet, mit Backpapier belegt) legen. Backbleche nacheinander (bei Heißluft zusammen) in den vorgeheizten Backofen schieben.

Ober-/Unterhitze: etwa 180 °C
Heißluft: etwa 160 °C
Backzeit: 8–10 Minuten je Backblech.

4 Das Gebäck mit dem Backpapier von den Backblechen auf Kuchenroste ziehen und erkalten lassen.

5 Für die Füllung Nuss-Nougat nach Packungsanleitung auflösen. Die Hälfte der Plätzchen auf der Unterseite damit bestreichen und die restlichen Plätzchen mit der Unterseite darauf legen.

6 Für den Guss Kuvertüre in kleine Stücke hacken, in einem kleinen Topf im Wasserbad bei schwacher Hitze zu einer geschmeidigen Masse verrühren und die Plätzchen jeweils mit einer Ecke hineintauchen. Kuvertüre fest werden lassen.

Yufka-Nuss-Stangen

Zubereitungszeit: 25 Minuten
Insgesamt: E: 44 g, F: 167 g, Kh: 296 g, kJ: 12611, kcal: 3011 | **Raffiniert**

Für die Füllung:
50 g weiche Butter
100 g Zucker
150 g gemahlene Haselnusskerne
50 g getrocknete Feigen
3 EL Rum
1 Ei (Größe M)
2 EL Wasser

Für den Teig:
12 Yufka-Teigblätter (in Tortenstückform), nicht gesalzen

Zum Bestreichen:
2 Eier

Für den Guss:
150 g gesiebter Puderzucker
1–2 EL Wasser

Zum Garnieren:
20 g gehackte, geröstete Haselnusskerne
10 g gehobelte, geröstete Haselnusskerne

1 Für die Füllung Butter, Zucker und Haselnusskerne miteinander verrühren. Feigen fein würfeln und dazugeben. Rum, Ei und Wasser unterrühren.

2 Für den Teig Teigblätter mit verschlagenem Ei bestreichen.

3 Die Füllung auf die Teigviertel verteilen und verstreichen. Die Viertel von der breiten Seite her zu Stangen aufrollen.

4 Die Stangen auf ein Backblech (mit Backpapier belegt) legen und mit dem restlichen Ei bestreichen. Das Backblech in den vorgeheizten Backofen schieben.

Ober-/Unterhitze: etwa 180 °C
Heißluft: etwa 160 °C
Backzeit: 15–20 Minuten.

5 Die Stangen mit dem Backpapier vom Backblech auf einen Kuchenrost ziehen.

6 Für den Guss Puderzucker mit Wasser zu einer dickflüssigen Masse verrühren. Den Guss mit einem Pinsel auf die noch heißen Stangen streichen. Beide Haselnusskernsorten mischen und darüber streuen.

Abwandlung

Yufka-Platten sind hauchdünne Teigschichten, die nach dem Backen sehr knusprig werden. Yufka-Platten erhalten Sie in der Kühltheke oder im Gefrierfach von türkischen Geschäften. Wenn Sie die tiefgekühlten Platten nehmen, müssen diese vorher aufgetaut werden. Für die Füllung statt der angegebenen Rummenge Orangensaft verwenden.

Mandelmakronen mit Preiselbeeren

Zubereitungszeit: 50 Minuten, ohne Abkühlzeit
Insgesamt: E: 59 g, F: 136 g, Kh: 236 g, kJ: 10007, kcal: 2390 | **Raffiniert**

Zum Vorbereiten:
100 g abgezogene, gemahlene Mandeln

Für den Eiweißmasse:
3 Eiweiß (Größe M)
1 TL Zitronensaft
170 g Zucker
150 g abgezogene, gemahlene Mandeln
2 TL Dr. Oetker Finesse Geriebene Zitronenschale
etwa 120 g Wildpreiselbeeren-Auslese (aus dem Glas)

1 Zum Vorbereiten Mandeln in einer Pfanne ohne Fett hellbraun rösten und auf einem Teller erkalten lassen.

2 Für die Eiweißmasse Eiweiß und Zitronensaft mit Handrührgerät mit Rührbesen auf höchster Stufe steif schlagen, der Schnee muss so fest sein, dass ein Messerschnitt sichtbar bleibt. Nach und nach Zucker unterschlagen.

3 Mandeln mit den gerösteten Mandeln und der Zitronenschale mischen und in 2 Portionen kurz auf mittlerer Stufe unterrühren.

4 Die Masse mit zwei Teelöffeln in Häufchen auf Backbleche (mit Backpapier belegt) setzen, dabei genügend Abstand zwischen den Teighäufchen lassen. Mit einem feuchten Kochlöffelstiel in jedes Teighäufchen kreisförmig eine kleine Vertiefung drücken und mit Preiselbeeren füllen. Die Backbleche nacheinander (bei Heißluft zusammen) in den vorgeheizten Backofen schieben.

Ober-/Unterhitze: etwa 180 °C
Heißluft: etwa 160 °C
Backzeit: etwa 20 Minuten je Backblech.

5 Makronen mit dem Backpapier von den Backblechen auf Kuchenroste ziehen und erkalten lassen.

Tipp

Um die kleinen Vertiefungen in die Makronen zu drücken, ist es am einfachsten, den Kochlöffelstiel zwischendurch immer wieder in eine Tasse mit kaltem Wasser zu tauchen. Die Makronen können auch mit Orangenmarmelade gefüllt werden.

Haselnusstaler

Zubereitungszeit: 60 Minuten, ohne Kühlzeit
Insgesamt: E: 65 g, F: 167 g, Kh: 342 g, kJ: 13119, kcal: 3133 | Vollwert

Für den Teig:
80 g weiche Butter
180 g flüssiger Honig
1 Ei (Größe M)
4 EL starker schwarzer Tee
1/2 TL gesiebtes Kakaopulver
1 TL gemahlener Zimt
1 Prise Salz
1/2 TL Dr. Oetker Bourbon-Vanille-Zucker
80 g fein gehackte Haselnusskerne
200 g Vollkorn-Weizenmehl
1 TL Dr. Oetker Backin

1 verschlagenes Eiweiß zum Bestreichen
60 g gehackte Haselnusskerne

1 Für den Teig Butter mit Handrührgerät mit Rührbesen auf höchster Stufe geschmeidig rühren, nach und nach Honig unterrühren und so lange rühren, bis eine gebundene Masse entstanden ist. Ei in etwa 1/2 Minute unterrühren. Tee, Kakao, Zimt, Salz, Vanille-Zucker und Haselnusskerne unterrühren.

2 Mehl mit Backpulver mischen und hinzufügen. Die Zutaten auf der bemehlten Arbeitsfläche zu einem glatten Teig verarbeiten, zu Rollen (Ø etwa 2 1/2 cm) formen und in Frischhaltefolie gewickelt einige Stunden oder über Nacht kalt stellen.

3 Teigrollen mit Eiweiß bestreichen und anschließend in den Haselnusskernen wälzen. Teigrollen in etwa 1/2 cm dicke Scheiben schneiden und auf Backbleche (mit Backpapier belegt) legen.

4 Die Backbleche nacheinander (bei Heißluft zusammen) in den vorgeheizten Backofen schieben.

Ober-/Unterhitze: etwa 180 °C
Heißluft: etwa 160 °C
Backzeit: etwa 15 Minuten je Backblech.

5 Die Haselnusstaler mit dem Backpapier von den Backblechen auf Kuchenroste ziehen. Haselnusstaler erkalten lassen.

Mandelringe

Zubereitungszeit: 70 Minuten
nsgesamt: E: 53 g, F: 246 g, Kh: 370 g, kJ: 16441, kcal: 3929 | **Preiswert – für Kinder**

Für den Knetteig:
375 g Weizenmehl
2 Pck. Dr. Oetker Vanillin-Zucker
5 EL Buttermilch
250 g Butter oder Margarine

Zum Bestreichen:
1 Eigelb
1 EL Milch

Zum Bestreuen:
75 g Zucker
1/2 TL gemahlener Zimt
50 g abgezogene, gehackte Mandeln

1 Für den Teig Mehl in eine Rührschüssel sieben. Vanillin-Zucker, Buttermilch und Butter oder Margarine hinzufügen und die Zutaten mit Handrührgerät mit Knethaken zunächst kurz auf niedrigster, dann auf höchster Stufe gut durcharbeiten.

2 Anschließend auf der bemehlten Arbeitsfläche zu einem glatten Teig verkneten. Sollte er kleben, ihn in Folie gewickelt eine Zeit lang kalt stellen.

3 Den Teig auf der bemehlten Arbeitsfläche nochmals kurz durchkneten, etwa 1/2 cm dick ausrollen und mit einer runden, gezackten Form (Ø etwa 7 cm) Plätzchen ausstechen. Die Teigplätzchen in der Mitte nochmals ausstechen (Ø etwa 3 cm), so dass Ringe entstehen. Die Teigringe auf Backbleche (gefettet, mit Backpapier belegt) legen. Mit den Teigresten ebenso verfahren.

4 Zum Bestreichen Eigelb und Milch verschlagen. Die Teigringe mit der Eigelbmilch bestreichen.

5 Zum Bestreuen Zucker und Zimt mischen. Die Teigringe mit der Zucker-Zimt-Mischung und den Mandeln bestreuen. Die Backbleche nacheinander (bei Heißluft zusammen) in den vorgeheizten Backofen schieben.

Ober-/Unterhitze: 180–200 °C
Heißluft: 160–180 °C
Backzeit: etwa 12 Minuten je Backblech.

6 Die Mandelringe mit dem Backpapier von den Backblechen auf Kuchenroste ziehen, Mandelringe erkalten lassen.

Tipp

Die Buttermilch kann auch durch 100 g Crème fraîche oder saure Sahne ersetzt werden.

Schokoladenherzen

Zubereitungszeit: 60 Minuten, ohne Kühlzeit
Insgesamt: E: 91 g, F: 295 g, Kh: 415 g, kJ: 19616, kcal: 4689 | **Raffiniert**

Für den Knetteig:
250 g Weizenmehl
150 g Butter oder Margarine
100 g Puderzucker
2 Pck. Dr. Oetker Vanillin-Zucker
1 Eigelb (Größe M)

Zum Bestreichen:
1 Eiweiß (Größe M)

Für die Makronenmasse:
100 g Marzipan-Rohmasse
2 Eier (Größe M)
100 g abgezogene, gemahlene Mandeln

Für die Füllung:
1 Tafel (100 g) Edelbitter-Schokolade, z.B. mit Himbeerfüllung (mindestens 70 % Kakaoanteil)
1 TL Speiseöl
50 g Edelbitter-Schokolade (mindestens 70 % Kakaoanteil)
½ TL Speiseöl
1 TL fein gehackte Ingwerstücke, gezuckert

Nach Belieben zum Bestreuen:
Kakaopulver
Puderzucker

1 Für den Teig Mehl in eine Rührschüssel sieben. Butter oder Margarine, Puderzucker, Vanillin-Zucker und Eigelb hinzufügen. Die Zutaten mit Handrührgerät mit Rührbesen zunächst kurz auf niedrigster, dann auf höchster Stufe gut durcharbeiten.

2 Anschließend auf einer bemehlten Arbeitsfläche zu einem glatten Teig verkneten. Den Teig in Frischhaltefolie gewickelt etwa 30 Minuten kalt stellen.

3 Den Teig auf einer bemehlten Arbeitsfläche etwa 3 mm dick ausrollen, mit einer Ausstechform Herzen (Ø etwa 5 ½ cm) ausstechen und auf Backbleche (mit Backpapier belegt) legen. Die Herzen mit verschlagenem Eiweiß bestreichen.

4 Für die Makronenmasse Marzipan in Stücke schneiden und in eine Rührschüssel geben. Eier hinzufügen und mit Handrührgerät mit Rührbesen zu einer geschmeidigen Masse verrühren, Mandeln unterrühren.

5 Die Marzipanmasse in einen Spritzbeutel mit kleiner Lochtülle (Ø 2–3 mm) füllen. Jeweils einen Rand von knapp ½ cm Stärke auf die Herzen spritzen. Die Backbleche nacheinander (bei Heißluft zusammen) in den vorgeheizten Backofen schieben.

Ober-/Unterhitze: 180 °C
Heißluft: etwa 160 °C
Backzeit: 8–10 Minuten je Backblech.

6 Die Gebäckherzen mit dem Backpapier von den Backblechen auf Kuchenroste ziehen. Gebäckherzen erkalten lassen.

7 Für die Füllung Schokolade mit Himbeerfüllung in kleine Stücke brechen, mit Speiseöl in einem kleinen Topf im Wasserbad bei schwacher Hitze schmelzen.

8 Zwei Drittel der Gebäckherzen mit jeweils etwas von der Schokolade (mit Hilfe eines Teelöffels) füllen. Schokolade fest werden lassen.

9 Edelbitter-Schokolade mit Speiseöl wie zuvor beschrieben schmelzen. Ingwerstückchen unterrühren. Die restlichen Herzen damit füllen. Schokolade fest werden lassen.

10 Nach Belieben die Schokoladenherzen mit gesiebtem Kakaopulver und Puderzucker bestreuen. Die Herzen in einer gut verschließbaren Dose aufbewahren.

Schoko-Ingwer-Ecken

Zubereitungszeit: 20 Minuten
Insgesamt: E: 41 g, F: 95 g, Kh: 107 g, kJ: 5999, kcal: 1433 | **Raffiniert**

Für den Knetteig:
70 g kandierter Ingwer
200 g Weizenmehl
50 g Speisestärke
20 g Kakaopulver
120 g Zucker
1 Pck. Dr. Oetker Vanillin-Zucker
1 Prise Salz
1 Ei (Größe M)
150 g Butter oder Margarine
2 EL kaltes Wasser

Zum Verzieren:
1 Pck. (70 g) weiße Schokoladenglasur

1 Für den Teig Ingwer sehr fein hacken. Mehl mit Speisestärke und Kakao mischen, in eine Rührschüssel sieben und Zucker, Vanillin-Zucker, Salz, Ei, Butter oder Margarine, Wasser und die Ingwerstückchen hinzufügen. Die Zutaten mit Handrührgerät mit Knethaken zunächst kurz auf niedrigster, dann auf höchster Stufe gut durcharbeiten.

2 Anschließend auf der leicht bemehlten Arbeitsfläche zu einem glatten Teig verkneten. Aus dem Teig zwei dreieckige Stangen (4,5 x 4,5 x 4,5 cm, Länge etwa 25 cm) formen. Die Teigstangen in Frischhaltefolie gewickelt im Gefrierfach etwa 30 Minuten anfrieren lassen.

3 Die Teigstangen mit einem Sägemesser in etwa 4 mm dicke Scheiben schneiden. Dabei die Stangen immer wieder drehen, damit die Scheiben gleichmäßig abgeschnitten werden. Die Teigscheiben auf Backbleche (mit Backpapier belegt) legen.

4 Die Backbleche nacheinander (bei Heißluft zusammen) in den vorgeheizten Backofen schieben.

Ober-/Unterhitze: etwa 180 °C
Heißluft: etwa 160 °C
Backzeit: 10–15 Minuten je Backblech.

5 Die Backbleche auf Kuchenroste stellen und das Gebäck etwa 5 Minuten auf den Backblechen abkühlen lassen.

6 Dann das Gebäck mit dem Backpapier von den Backblechen auf Kuchenroste ziehen. Gebäck erkalten lassen.

7 Zum Verzieren die Kuchenglasur nach Packungsanleitung schmelzen und in eine kleine Schale gießen. Jeweils eine Gebäckecke in die Glasur tauchen und abtropfen lassen. Das Gebäck auf Backpapier legen und trocknen lassen.

Raspelberge

Zubereitungszeit: 30 Minuten
Insgesamt: E: 33 g, F: 202 g, Kh: 177 g, kJ: 11040, kcal: 2636 | **Für Kinder**

Für den Teig:
2 Eier (Größe M)
je 1 Msp. gemahlener Koriander, Zimt und Kardamom
150 g Zucker
1 Pck. Dr. Oetker Vanillin-Zucker
300 g Kokosraspel

Tipp

Die Raspelberge zur Hälfte in 100–150 g aufgelöste Kuvertüre oder dunkle Fettglasur tauchen oder damit besprenkeln. Die Kokosmasse kann nach Belieben auch auf Oblaten gesetzt werden.

1 Für den Teig Eier mit Koriander, Zimt, Kardamom, Zucker und Vanillin-Zucker in eine Rührschüssel geben. Die Zutaten mit Handrührgerät mit Rührbesen auf höchster Stufe in etwa 2 Minuten schaumig schlagen. Kokosraspel zunächst kurz auf niedrigster, dann auf höchster Stufe unterrühren.

2 Aus der Masse mit 2 Teelöffeln bergartige Kokoshäufchen formen und auf Backbleche (mit Backpapier belegt) setzen. Die Backbleche nacheinander (bei Heißluft zusammen) in den vorgeheizten Backofen schieben.

Ober-/Unterhitze: etwa 180 °C
Heißluft: etwa 160 °C
Backzeit: etwa 15 Minuten je Backblech.

3 Die Raspelberge mit dem Backpapier von den Backblechen auf Kuchenroste ziehen. Raspelberge erkalten lassen.

Apfel-Kokos-Makronen

Zubereitungszeit: 40 Minuten
Insgesamt: E: 48 g, F: 201 g, Kh: 375 g, kJ: 15321, kcal: 3658 | **Mit Alkohol**

Für den All-in-Teig:
125 g Weizenmehl
2 TL Dr. Oetker Backin
125 g Zucker
1 Pck. Dr. Oetker Vanillin-Zucker
1 Ei (Größe M)
125 g weiche Butter oder Margarine
125 g Kokosraspel
125 g zarte Haferflocken
50 g klein geschnittene, getrocknete Apfelringe
60 g Korinthen
6 EL Rum

1 Für den Teig Mehl mit Backpulver mischen und in eine Rührschüssel sieben. Zucker, Vanillin-Zucker, Ei und Butter oder Margarine hinzufügen und die Zutaten mit Handrührgerät mit Rührbesen zunächst kurz auf niedrigster, dann auf höchster Stufe in etwa 3 Minuten zu einem glatten Teig verarbeiten. Kokosraspel und Haferflocken hinzufügen. Apfelstückchen mit Korinthen und Rum mischen und unter den Teig rühren.

2 Den Teig mit 2 Teelöffeln in knapp walnussgroßen Häufchen auf Backbleche (mit Backpapier belegt) setzen, dabei genügend Abstand zwischen den Teighäufchen lassen. Die Backbleche nacheinander (bei Heißluft zusammen) in den vorgeheizten Backofen schieben.

Ober-/Unterhitze: etwa 180 °C
Heißluft: etwa 160 °C
Backzeit: etwa 15 Minuten je Backblech.

3 Die Makronen mit dem Backpapier von den Backblechen auf Kuchenroste ziehen, Makronen erkalten lassen.

Schoko-Nuss-Sterne

Zubereitungszeit: 75 Minuten, ohne Kühlzeit
Insgesamt: E: 52 g, F: 172 g, Kh: 233 g, kJ: 11581, kcal: 2765 | **Für Gäste**

Zum Vorbereiten:
60 g Zartbitter-Schokolade

Für den Teig:
1 Ei (Größe M)
1 Eigelb (Größe M)
125 g Zucker
1 Pck. Dr. Oetker Vanillin-Zucker
1 Prise Salz
1 geh. TL Instant-Kaffeepulver
etwa 225 g gemahlene Haselnusskerne
1 Msp. Dr. Oetker Backin

Für den Guss:
1 Eiweiß (Größe M)
50 g gesiebter Puderzucker
evtl. 2–3 Tropfen Wasser

1 Zum Vorbereiten Schokolade in kleine Stücke brechen und in einem kleinen Topf im Wasserbad bei schwacher Hitze zu einer geschmeidigen Masse verrühren.

2 Für den Teig Ei, Eigelb, Zucker, Vanillin-Zucker, Salz und Kaffeepulver in eine Rührschüssel geben. Die Zutaten mit Handrührgerät mit Rührbesen auf höchster Stufe schaumig schlagen. Schokolade unter die Eimasse rühren. Haselnusskerne mit Backpulver mischen und zwei Drittel davon auf mittlerer Stufe unterrühren. Restliche Haselnusskern-Backpulver-Mischung unterkneten. Den Teig zugedeckt kalt stellen.

3 Für den Guss Eiweiß steif schlagen, Puderzucker portionsweise unterschlagen und evtl. Wasser unterschlagen, damit die Masse streichfähig ist.

4 Den Teig etwa ½ cm dick auf der leicht bemehlten Arbeitsfläche ausrollen. Sterne ausstechen und auf Backbleche (mit Backpapier belegt) legen. Die Teigsterne dick mit dem Guss bestreichen. Die Backbleche nacheinander (bei Heißluft zusammen) in den vorgeheizten Backofen schieben.

Ober-/Unterhitze: etwa 140 °C
Heißluft: etwa 120 °C
Backzeit: 25–30 Minuten je Backblech.

5 Die Sterne mit dem Backpapier von den Backblechen auf Kuchenroste ziehen. Sterne erkalten lassen.

Tipp

Nach Belieben 1 Teelöffel gesiebtes Kakaopulver unter den Guss rühren. Die Sterne sind 3–4 Wochen haltbar.

Knusprige Taler

Zubereitungszeit: 60 Minuten, ohne Abkühlzeit
Insgesamt: E: 34 g, F: 134 g, Kh: 448 g, kJ: 13528, kcal: 3233 | **Preiswert**

Für den Knetteig:
300 g Weizenmehl
1 TL Dr. Oetker Backin
100 g Zucker
1 Pck. Dr. Oetker Vanillin-Zucker
2 EL Milch oder Wasser
150 g Butter oder Margarine

Für den Belag:
100–150 g dunkle Kuchenglasur

Zum Bestreuen:
Kokoskrokant

1 Für den Teig Mehl und Backpulver mischen, in eine Rührschüssel sieben und Zucker, Vanillin-Zucker, Milch oder Wasser und Butter oder Margarine hinzufügen. Die Zutaten mit Handrührgerät mit Knethaken zunächst kurz auf niedrigster, dann auf höchster Stufe gut durcharbeiten.

2 Anschließend auf der Arbeitsfläche zu einem glatten Teig verkneten. Sollte er kleben, ihn in Folie gewickelt eine Zeit lang kalt stellen.

3 Den Teig dünn ausrollen und mit verschiedenen Formen Plätzchen ausstechen (Ø 4 cm). Teigplätzchen auf ein Backblech (gefettet, mit Backpapier belegt) legen. Backblech in den vorgeheizten Backofen schieben.

Ober-/Unterhitze: 180–200 °C
Heißluft: 160–180 °C
Backzeit: 10–12 Minuten.

4 Die Plätzchen mit dem Backpapier auf einen Kuchenrost ziehen und erkalten lassen.

5 Für den Belag die Kuchenglasur nach Packungsanleitung auflösen. Die Mitte der Plätzchen damit füllen und mit Krokant bestreuen. Sobald die Kuchenglasur fest geworden ist, die Plätzchen vom Papier lösen.

Schokostäubchen

Zubereitungszeit: 40 Minuten
Insgesamt: E: 27 g, F: 161 g, Kh: 352 g, kJ: 12442, kcal: 2966 | **Für Kinder**

Für den Rührteig:
150 g weiche Butter oder Margarine
120 g gesiebter Puderzucker
2 Pck. Dr. Oetker Vanillin-Zucker
1 Ei (Größe M)
70 g Weizenmehl
2 Pck. Dr. Oetker Gala Pudding-Pulver Schokoladen-Geschmack
1 Msp. Dr. Oetker Backin
2 Pck. (je 75 g) Schokotröpfchen

1 Für den Teig Butter oder Margarine mit Handrührgerät mit Rührbesen auf höchster Stufe geschmeidig rühren. Nach und nach Zucker und Vanillin-Zucker unterrühren und so lange rühren, bis eine gebundene Masse entstanden ist. Ei in etwa ½ Minute unterrühren.

2 Mehl mit Pudding-Pulver und Backpulver mischen, sieben und in 2 Portionen kurz auf mittlerer Stufe unterrühren. Zuletzt die Hälfte der Schokotröpfchen unterheben.

3 Den Teig mit zwei Teelöffeln in Häufchen auf Backbleche (mit Backpapier belegt) setzen, dabei genügend Abstand zwischen den Teighäufchen lassen. Teighäufchen mit den restlichen Schokotröpfchen belegen. Die Backbleche nacheinander (bei Heißluft zusammen) in den vorgeheizten Backofen schieben.

Ober-/Unterhitze: etwa 200 °C
Heißluft: etwa 180 °C
Backzeit: 10–15 Minuten je Backblech.

4 Das Gebäck mit dem Backpapier von den Backblechen auf Kuchenroste ziehen und erkalten lassen.

Schoko-Mints

Zubereitungszeit: 40 Minuten, ohne Abkühlzeit
Insgesamt: E: 39 g, F: 180 g, Kh: 453 g, kJ: 15017, kcal: 3586 | **Gut vorzubereiten**

Für den All-in-Teig:
250 g Weizenmehl
1/2 TL Dr. Oetker Backin
20 g Kakaopulver
120 g Zucker
1 Pck. Dr. Oetker Vanillin-Zucker
2 TL getrocknete, geriebene Pfefferminzblättchen
1 Ei (Größe M)
70 g bittere Orangenmarmelade
200 g weiche Butter oder Margarine

Nach Belieben zum Garnieren:
einige Gelee-Orangen oder kandierte Orangenscheiben

Für den Guss:
100 g gesiebter Puderzucker
1–2 EL Zitronensaft

1 Für den Teig Mehl mit Backpulver und Kakao mischen, in eine Rührschüssel sieben und Zucker, Vanillin-Zucker, Minzeblättchen, Ei, Marmelade und Butter oder Margarine hinzufügen. Die Zutaten mit Handrührgerät mit Rührbesen zunächst kurz auf niedrigster, dann auf höchster Stufe in etwa 2 Minuten zu einem glatten Teig verarbeiten.

2 Den Teig mit zwei Teelöffeln in Häufchen auf Backbleche (mit Backpapier belegt) setzen. Die Backbleche nacheinander (bei Heißluft zusammen) in den vorgeheizten Backofen schieben.

Ober-/Unterhitze: etwa 180 °C
Heißluft: etwa 160 °C
Backzeit: 10–15 Minuten je Backblech.

3 Das Gebäck mit dem Backpapier von den Backblechen auf Kuchenroste ziehen, Gebäck erkalten lassen.

4 Nach Belieben zum Garnieren Gelee-Orangen oder kandierte Orangen in kleine Dreiecke schneiden.

5 Für den Guss Puderzucker und Zitronensaft zu einer dickflüssigen Masse verrühren. Den Guss in einen kleinen Gefrierbeutel geben und eine Ecke abschneiden. Den Guss zickzackförmig auf das Gebäck spritzen und nach Belieben vorbereitete Gelee-Orangen oder kandierte Orangen auf den feuchten Guss legen. Guss trocknen lassen.

Tipp

Statt geriebener Pfefferminzblättchen 2 Beutel Pfefferminztee verwenden. Getrocknete Pfefferminzblätter kann man lose oder verpackt in Apotheken, Reformhäusern und Bioläden kaufen. Bereits geriebene Pfefferminzblätter werden als Pfefferminztee in Teebeuteln angeboten, erhältlich auch im Supermarkt.

Weiche Schokotaler

Zubereitungszeit: 50 Minuten, ohne Abkühlzeit
Insgesamt: E: 34 g, F: 114 g, Kh: 218 g, kJ: 8480, kcal: 2024 | **Für Gäste**

Zum Vorbereiten:
150 g Edelbitter-Schokolade (60 % Kakaoanteil)
40 g Kokosfett

Für den Teig:
3 Eiweiß (Größe M)
80 g Zucker
1 Pck. Dr. Oetker Vanillin-Zucker
1 Eigelb (Größe M)
50 g Weizenmehl
1 TL Dr. Oetker Backin

Zum Besprenkeln:
etwa 50 g weiße Kuvertüre

1 Zum Vorbereiten Schokolade in kleine Stücke hacken. 100 g der Schokoladenstückchen mit Kokosfett in einem kleinen Topf im Wasserbad bei mittlerer Hitze schmelzen und etwas abkühlen lassen.

2 Für den Teig Eiweiß mit Handrührgerät mit Rührbesen auf höchster Stufe steif schlagen, der Schnee muss so fest sein, dass ein Messerschnitt sichtbar bleibt. Nach und nach Zucker und Vanillin-Zucker unterschlagen.

3 Eigelb und abgekühlte Schokoladenmasse unterrühren. Mehl und Backpulver mischen, auf die Eischnee-Schokoladen-Masse sieben und auf niedrigster Stufe unterrühren.

4 Den Teig mit zwei Teelöffeln in Häufchen auf Backbleche (mit Backpapier belegt) setzen. Teighäufchen mit den restlichen Schokoladenstückchen bestreuen.

5 Die Backbleche nacheinander (bei Heißluft zusammen) in den vorgeheizten Backofen schieben.

Ober-/Unterhitze: etwa 200 °C
Heißluft: etwa 180 °C
Backzeit: 10–15 Minuten je Backblech.

6 Das Gebäck mit dem Backpapier von den Backblechen auf Kuchenroste ziehen und erkalten lassen.

7 Zum Besprenkeln Kuvertüre hacken, in einen kleinen Gefrierbeutel geben und Beutel verschließen. Kuvertüre im Wasserbad bei schwacher Hitze schmelzen. Von dem Gefrierbeutel eine kleine Ecke abschneiden und die Schokotaler mit der Kuvertüre besprenkeln, fest werden lassen.

Zipfelkappen

Zubereitungszeit: 65 Minuten, ohne Abkühlzeit
Insgesamt: E: 39 g, F: 217 g, Kh: 330 g, kJ: 14734, kcal: 3522 | **Zum Verschenken**

Für die Creme:
250 g Vollmilch-Kuvertüre
125 g Schlagsahne
75 ml (6 EL) Espresso-Kaffee

Für den Knetteig:
100 g Weizenmehl
75 g Speisestärke
1 Ei (Größe M)
50 g Zucker
100 g Butter oder Margarine
1 TL Espresso-Pulver

Zum Bestäuben:
1–2 EL Kakaopulver

1 Für die Creme Kuvertüre grob hacken. Sahne in einem kleinen Topf zum Kochen bringen, Kuvertürestücke hinzugeben und unter Rühren darin schmelzen. Espresso unterrühren und die Masse zugedeckt über Nacht kalt stellen.

2 Für den Teig Mehl mit Speisestärke mischen und in eine Rührschüssel sieben. Ei, Zucker, Butter oder Margarine und Espresso-Pulver hinzufügen und die Zutaten mit Handrührgerät mit Knethaken zunächst kurz auf niedrigster, dann auf höchster Stufe gut durcharbeiten.

3 Anschließend auf der bemehlten Arbeitsfläche zu einem glatten Teig verkneten. Sollte er kleben, ihn in Folie gewickelt eine Zeit lang kalt stellen.

4 Den Teig auf der leicht bemehlten Arbeitsfläche etwa ½ cm dick ausrollen, mit einer Ausstechform runde Plätzchen (Ø etwa 3 cm) ausstechen und auf ein Backblech (gefettet, mit Backpapier belegt) legen. Das Backblech in den vorgeheizten Backofen schieben.

Ober-/Unterhitze: etwa 180 °C
Heißluft: etwa 160 °C
Backzeit: etwa 10 Minuten.

5 Die Plätzchen mit dem Backpapier vom Backblech auf einen Kuchenrost ziehen. Plätzchen erkalten lassen.

6 Die kalt gestellte Schokoladen-Sahne-Masse cremig aufschlagen und in einen Spritzbeutel mit Sterntülle füllen. Die Creme auf die Plätzchen spritzen. Dabei so nach oben ziehen, dass eine „Zipfelkappe“ entsteht. Die Zipfelkappen an einem kühlen Ort fest werden lassen.

7 Die Zipfelkappen zuletzt mit Kakao bestäuben und kühl lagern.

Kokosplätzchen

Zubereitungszeit: 70 Minuten, ohne Kühlzeit
Insgesamt: E: 62 g, F: 234 g, Kh: 426 g, kJ: 17365, kcal: 4149 | **Raffiniert**

Für den Knetteig:
250 g Weizenmehl
1 Msp. Dr. Oetker Backin
75 g Zucker
1 Pck. Dr. Oetker Vanillin-Zucker
2 Eigelb (Größe M)
125 g Butter oder Margarine

Für den Belag:
3 Eiweiß (Größe M)
150 g Zucker
175 g Kokosraspel
3 Tropfen Bittermandel-Aroma

Zum Bestreichen:
1 Eigelb
1 EL Milch

Tipp

Die Kokosplätzchen halten sich gut verpackt etwa 2 Wochen frisch.

1 Für den Teig Mehl mit Backpulver mischen und in eine Rührschüssel sieben. Zucker, Vanillin-Zucker, Eigelb und Butter oder Margarine hinzufügen und die Zutaten mit Handrührgerät mit Knethaken zunächst kurz auf niedrigster, dann auf höchster Stufe gut durcharbeiten.

2 Anschließend auf der bemehlten Arbeitsfläche zu einem glatten Teig verkneten. Sollte er kleben, ihn in Folie gewickelt eine Zeit lang kalt stellen.

3 Den Teig auf der bemehlten Arbeitsfläche portionsweise dünn ausrollen und gleich viele runde Plätzchen in zwei verschiedenen Größen (Ø etwa 4,5 und 2 cm) ausstechen. Die größeren Teigplätzchen auf Backbleche (gefettet, mit Backpapier belegt) legen.

4 Für den Belag Eiweiß mit Handrührgerät mit Rührbesen auf höchster Stufe steif schlagen, der Schnee muss so fest sein, dass ein Messerschnitt sichtbar bleibt. Nach und nach Zucker unterschlagen. Kokosraspel und Aroma unterheben. Die Kokosmasse mit 2 Teelöffeln in Häufchen auf die großen Teigplätzchen geben. Jeweils ein kleines Teigplätzchen schräg daran legen.

5 Zum Bestreichen Eigelb mit Milch verschlagen, die kleinen Teigplätzchen damit bestreichen. Die Backbleche nacheinander (bei Heißluft zusammen) in den vorgeheizten Backofen schieben.

Ober-/Unterhitze: etwa 200 °C
Heißluft: etwa 180 °C
Backzeit: 10–15 Minuten je Backblech.

6 Die Kokosplätzchen mit dem Backpapier von den Backblechen auf Kuchenroste ziehen und erkalten lassen.

Apfel-Kokos-Streifen

Zubereitungszeit: 60 Minuten, ohne Kühlzeit
Insgesamt: E: 39 g, F: 140 g, Kh: 414 g, kJ: 13156, kcal: 3143 | **Raffiniert**

Für den Knetteig:
250 g Weizenmehl
1 TL Dr. Oetker Backin
50 g Puderzucker
100 g Apfelkraut (Apfeldicksaft)
1 TL Dr. Oetker Finesse Geriebene Zitronenschale
1 Ei (Größe M)
120 g weiche Butter oder Margarine

Für den Guss:
120 g gesiebter Puderzucker
2 EL Apfelsaft

Zum Bestreuen:
50 g Kokosraspel

1 Für den Teig Mehl, Backpulver und Puderzucker mischen und in eine Rührschüssel sieben. Apfelkraut, Zitronenschale, Ei und Butter oder Margarine hinzufügen und die Zutaten mit Handrührgerät mit Knethaken zunächst kurz auf niedrigster, dann auf höchster Stufe gut durcharbeiten.

2 Anschließend auf der bemehlten Arbeitsfläche zu einem glatten Teig verkneten. Den Teig halbieren, in Folie wickeln und etwa 30 Minuten kalt stellen.

3 Eine Teighälfte auf der bemehlten Arbeitsfläche zu einem Rechteck (24 x 30 cm) ausrollen. Mit einem Teigrädchen oder einem Messer 40 Streifen (3 x 6 cm) schneiden und die Teigstreifen auf 2 Backbleche (gefettet, mit Backpapier belegt) verteilen. Restlichen Teig auf die gleiche Weise verarbeiten. Die Backbleche nacheinander (bei Heißluft zusammen) in den vorgeheizten Backofen schieben.

Ober-/Unterhitze: etwa 180 °C
Heißluft: etwa 160 °C
Backzeit: etwa 10 Minuten je Backblech.

4 Die Streifen mit dem Backpapier von den Backblechen auf Kuchenroste ziehen und erkalten lassen.

5 Für den Guss Puderzucker mit Apfelsaft zu einer dickflüssigen Masse verrühren und in einen Gefrierbeutel füllen. Plätzchen dicht nebeneinander auf Backpapier legen. Eine kleine Ecke vom Gefrierbeutel abschneiden und den Guss in Streifen über das Gebäck spritzen.

6 Zum Bestreuen die Kokosraspel sofort auf den feuchten Guss streuen und leicht andrücken. Den Guss fest werden lassen.

Tipp

Durch den Puderzucker im Teig werden die Apfel-Kokos-Streifen besonders knusprig. Noch intensiver schmecken die Kokosraspel, wenn sie vor dem Aufstreuen in einer Pfanne ohne Fett geröstet werden. Statt mit Kokosraspeln können die Streifen auch mit gerösteten, gemahlenen Haselnusskernen oder Mandeln bestreut werden.

Kokos-Busserl

Zubereitungszeit: 25 Minuten, ohne Abkühlzeit
Insgesamt: E: 21 g, F: 95 g, Kh: 168 g, kJ: 6699, kcal: 1599 | **Preiswert**

Zum Vorbereiten:
150 g Kokosraspel

Für die Eiweißmasse:
3 Eiweiß (Größe M)
150 g gesiebter Puderzucker
1 Pck. Dr. Oetker Vanillin-Zucker

1 Zum Vorbereiten Kokosraspel in einer Pfanne ohne Fett unter mehrmaligem Wenden hellbraun rösten, herausnehmen und auf einem Teller erkalten lassen.

2 Für die Eiweißmasse Eiweiß mit Handrührgerät mit Rührbesen auf höchster Stufe steif schlagen, der Schnee muss so fest sein, dass ein Messerschnitt sichtbar bleibt. Nach und nach Puderzucker und Vanillin-Zucker unterschlagen. Kokosraspel vorsichtig unterheben.

3 Die Masse mit 2 Teelöffeln in Häufchen auf Backbleche (gefettet, mit Backpapier belegt) setzen, dabei genügend Abstand zwischen den Häufchen lassen.

4 Die Backbleche nacheinander (bei Heißluft zusammen) in den vorgeheizten Backofen schieben.

Ober-/Unterhitze: etwa 180 °C
Heißluft: etwa 160 °C
Backzeit: 12–15 Minuten je Backblech.

5 Die Busserl mit dem Backpapier von den Backblechen auf Kuchenroste ziehen. Busserl erkalten lassen.

Kernige Schoko-Plätzchen

Zubereitungszeit: 45 Minuten
Insgesamt: E: 77 g, F: 231 g, Kh: 455 g, kJ: 17866, kcal: 4258 | **Mit Alkohol**

Für den Rührteig:
200 g weiche Butter oder Margarine
200 g Zucker
2 Pck. Dr. Oetker Vanillin-Zucker
1 EL Wasser
2 Eier (Größe M)
125 g Weizenmehl
1/2 TL Dr. Oetker Backin
2 EL Kakaopulver
250 g kernige Haferflocken
50 g abgezogene, gehackte Mandeln
2 EL Rum

1 Für den Teig Butter oder Margarine mit Handrührgerät mit Rührbesen auf höchster Stufe geschmeidig rühren. Nach und nach Zucker, Vanillin-Zucker und Wasser unterrühren und so lange rühren, bis eine gebundene Masse entstanden ist.

2 Eier nach und nach unterrühren (jedes Ei etwa 1/2 Minute). Mehl mit Backpulver und Kakao mischen, sieben und in 2 Portionen auf mittlerer Stufe unterrühren. Haferflocken und Mandeln esslöffelweise auf mittlerer Stufe unterrühren. Zuletzt Rum hinzufügen.

3 Den Teig mit 2 Teelöffeln in Häufchen auf Backbleche (mit Backpapier belegt) setzen, dabei genügend Abstand zwischen den Teighäufchen lassen. Teighäufchen mit dem Löffel flach drücken. Die Backbleche nacheinander (bei Heißluft zusammen) in den vorgeheizten Backofen schieben.

Ober-/Unterhitze: etwa 180 °C
Heißluft: etwa 160 °C
Backzeit: etwa 15 Minuten je Backblech.

4 Die Plätzchen mit dem Backpapier von den Backblechen auf Kuchenroste ziehen, Plätzchen erkalten lassen.

Tipp

Für Kinder den Rum durch Apfelsaft ersetzen.

Chocolate-Chip-Cookies

Zubereitungszeit: 25 Minuten
Insgesamt: E: 53 g, F: 219 g, Kh: 371 g, kJ: 15284, kcal: 3650 | **Für Kinder**

Für den Rührteig:
150 g weiche Butter oder Margarine
150 g brauner Zucker (Kandisfarin)
1 Pck. Dr. Oetker Bourbon-Vanille-Zucker
2 Eier (Größe M)
200 g Weizenmehl
1 TL Dr. Oetker Backin
100 g gehackte Haselnusskerne
100 g Schokoladentropfen oder grob gehackte dunkle Schokolade

1 Für den Teig Butter oder Margarine mit Handrührgerät mit Rührbesen auf höchster Stufe geschmeidig rühren. Nach und nach Zucker und Vanille-Zucker unterrühren und so lange rühren, bis eine gebundene Masse entstanden ist. Eier nach und nach unterrühren (jedes Ei etwa 1/2 Minute).

2 Mehl mit Backpulver mischen, sieben und in 2 Portionen auf mittlerer Stufe unterrühren. Zuletzt Haselnusskerne und Schokolade unterrühren.

3 Von dem Teig mit 2 Teelöffeln walnussgroße Häufchen auf Backbleche (gefettet, mit Backpapier belegt) setzen, dabei genügend Abstand zwischen den Teighäufchen lassen (Teig läuft etwas auseinander). Das Backblech in den vorgeheizten Backofen schieben.

Ober-/Unterhitze: etwa 180 °C
Heißluft: etwa 160 °C
Backzeit: 10–12 Minuten je Backblech.

4 Die Cookies mit dem Backpapier von den Backblechen auf Kuchenroste ziehen, Cookies erkalten lassen.

Tipp

Für White-Chocolate-Cookies den Teig, wie unter Punkt 1 beschrieben, zubereiten. Mehl und Backpulver ebenso unterarbeiten. Teig halbieren. Unter eine Hälfte 1 Esslöffel Mehl und 100 g grob gehackte weiße Schokolade rühren, unter die andere Hälfte 30 g Kakaopulver, 1 Esslöffel Milch und ebenfalls 100 g grob gehackte weiße Schokolade rühren. Wie unter Punkt 3 beschrieben, Teighäufchen auf Backbleche setzen und backen. Die erkalteten Cookies nach Belieben mit je 50 g weißer und dunkler Schokolade besprenkeln.

Knusprige Choco-Cookies

Zubereitungszeit: 40 Minuten
Insgesamt: E: 60 g, F: 235 g, Kh: 478 g, kJ: 18345, kcal: 4382 | **Einfach**

Für den Rührteig:
150 g weiche Butter oder Margarine
100 g Zucker
150 g Kandisfarin (brauner Zucker)
1 Pck. Dr. Oetker Bourbon-Vanille-Zucker
1 Prise Salz
2 Eier (Größe M)
200 g Weizenmehl
1 TL Dr. Oetker Backin
80 g fein gehackte Haselnusskerne
75 g grob geriebene Vollmilch-Schokolade
75 g grob geriebene Zartbitter-Schokolade

1 Für den Teig Butter oder Margarine mit Handrührgerät mit Rührbesen auf höchster Stufe geschmeidig rühren. Nach und nach Zucker, Kandisfarin, Vanille-Zucker und Salz dazugeben und so lange rühren, bis eine gebundene Masse entstanden ist.

2 Eier nach und nach unterrühren (jedes Ei etwa $^1/_2$ Minute). Mehl mit Backpulver mischen, sieben und portionsweise auf mittlerer Stufe unterrühren.

3 Haselnusskerne und Vollmilch- und Zartbitter-Schokolade unterrühren.

4 Mit 2 Teelöffeln haselnussgroße Häufchen auf ein Backblech (gefettet, mit Backpapier belegt) setzen und das Backblech in den vorgeheizten Backofen schieben.

Ober-/Unterhitze: etwa 180 °C
Heißluft: etwa 160 °C
Backzeit: etwa 15 Minuten.

5 Das Gebäck mit dem Backpapier auf einen Kuchenrost ziehen und die Cookies erkalten lassen.

Abwandlung

Cookies mit Schokotropfen

Für den Rührteig:
125 g weiche Butter oder Margarine
100 g brauner Zucker
1 Pck. Dr. Oetker-Vanille-Zucker
1 Prise Salz
1 Ei (Größe M)
125 g Weizenmehl
$^1/_2$ TL Natron
75 g gemahlene Haselnusskerne
150 g Schokotropfen

Einen Rührteig wie oben beschrieben zubereiten, dann den Teig wie unter Punkt 4 beschrieben weiter verarbeiten.

Tipp

Die Cookies in einer gut schließenden Dose aufbewahren.

Knöpfchen

Zubereitungszeit: 55 Minuten, ohne Kühlzeit
Insgesamt: E: 32 g, F: 145 g, Kh: 353 g, kJ: 11980, kcal: 2868 | **Für Kinder**

Für den Knetteig:
250 g Weizenmehl
1 TL Dr. Oetker Backin
80 g Zucker
1 Pck. Dr. Oetker Vanillin-Zucker
3 Tropfen Bittermandel-Aroma
2 EL Milch oder Wasser
125 g Butter oder Margarine

Für den Guss:
100 g Zartbitter-Kuvertüre
1 TL Speiseöl

Zum Garnieren:
bunte Zuckerstreusel

1 Für den Teig Mehl mit Backpulver mischen und in eine Rührschüssel sieben. Zucker, Vanillin-Zucker, Aroma, Milch oder Wasser und Butter oder Margarine hinzufügen und die Zutaten mit Handrührgerät mit Knethaken zunächst kurz auf niedrigster, dann auf höchster Stufe gut durcharbeiten.

2 Anschließend auf der bemehlten Arbeitsfläche zu einem glatten Teig verkneten. Sollte er kleben, ihn in Folie gewickelt eine Zeit lang kalt stellen.

3 Aus dem Teig Rollen (Ø etwa 1 $^{1}/_{2}$ cm) formen und in Frischhaltefolie gewickelt einige Stunden kalt stellen.

4 Teigrollen mit einem scharfen Messer in etwa $^{1}/_{2}$ cm dicke Scheiben schneiden und auf Backbleche (mit Backpapier belegt) legen. Teigscheiben etwas rund formen und mit dem Stiel eines Rührlöffels jeweils 2 Löcher eindrücken. Die Backbleche nacheinander (bei Heißluft zusammen) in den vorgeheizten Backofen schieben.

Ober-/Unterhitze: etwa 180 °C
Heißluft: etwa 160 °C
Backzeit: etwa 10 Minuten.

5 Das Gebäck mit dem Backpapier von den Backblechen auf Kuchenroste ziehen. Gebäck erkalten lassen.

6 Für den Guss Kuvertüre in kleine Stücke hacken und mit Speiseöl in einem kleinen Topf im Wasserbad bei schwacher Hitze schmelzen. Von einem Teil der Plätzchen den Rand mit Kuvertüre bestreichen und mit Zuckerstreuseln bestreuen. Guss fest werden lassen.

Schokoladenküchlein

Zubereitungszeit: 20 Minuten
Insgesamt: E: 68 g, F: 166 g, Kh: 334 g, kJ: 12916, kcal: 3085 | **Schnell**

Für die Baisermasse:
3 Eiweiß (Größe M)
250 g feinkörniger Zucker
1 Pck. Dr. Oetker Vanillin-Zucker
125 g Raspelschokolade
250 g abgezogene, gehackte Mandeln

1 Für die Baisermasse Eiweiß mit Handrührgerät mit Rührbesen auf höchster Stufe steif schlagen. Der Schnee muss so fest sein, dass ein Messerschnitt sichtbar bleibt. Nach und nach Zucker und Vanillin-Zucker kurz unterschlagen. Schokolade mit Mandeln mischen und vorsichtig unterheben (nicht rühren!).

2 Die Masse mit 2 Teelöffeln in Häufchen auf Backbleche (mit Backpapier belegt) setzen, dabei genügend Abstand zwischen den Häufchen lassen. Die Backbleche nacheinander (bei Heißluft zusammen) in den vorgeheizten Backofen schieben.

Ober-/Unterhitze: etwa 180 °C
Heißluft: etwa 160 °C
Backzeit: etwa 15 Minuten je Backblech.

3 Die Schokoladenküchlein mit dem Backpapier von den Backblechen auf Kuchenroste ziehen. Küchlein erkalten lassen.

Tipp

Die Schokoladenküchlein in einer gut schließenden Dose aufbewahren.

Eissterne (Schneeflocken)

Zubereitungszeit: 40 Minuten, ohne Kühlzeit
Insgesamt: E: 30 g, F: 120 g, Kh: 382 g, kJ: 11550, kcal: 2760 | **Für Kinder**

Für den Teig:
100 g Marzipan-Rohmasse
abgeriebene Schale von ½ Bio-Zitrone (unbehandelt, ungewachst)
2 EL Zitronensaft
175 g Weizenmehl
75 g Puderzucker
1 Pck. Dr. Oetker Vanillin-Zucker
100 g Butter oder Margarine

Für den Guss:
etwa 100 g Puderzucker
2–3 EL Zitronensaft

Zum Bestreuen:
Kuchenglitter weiß und blau (Glitterzucker)

1 Für den Teig Marzipan in Stücke schneiden, mit Zitronenschale und -saft in einer Rührschüssel mit Handrührgerät mit Rührbesen gut verrühren. Mehl mit Puderzucker und Vanillin-Zucker mischen, sieben, mit Butter oder Margarine zur Marzipanmasse geben und mit Handrührgerät mit Knethaken zu einem glatten Teig verarbeiten. Den Teig in Frischhaltefolie gewickelt etwa 30 Minuten kalt stellen.

2 Den Teig auf einer bemehlten Arbeitsfläche etwa ½ cm dick ausrollen und mit einer Ausstechform, z. B. Eissterne (Ø etwa 7 cm) ausstechen. Die Ausstechform zwischendurch in Mehl eintauchen, damit sich die ausgestochenen Eissterne besser aus der Form lösen.

3 Die Teigplätzchen auf ein Backblech (mit Backpapier belegt) legen. Die Backbleche nacheinander (bei Heißluft zusammen) in den vorgeheizten Backofen schieben.

Ober-/Unterhitze: 180 °C
Heißluft: etwa 160 °C
Backzeit: 10–12 Minuten.

4 Die Eissterne mit dem Backpapier vom Backblech auf einen Kuchenrost ziehen. Eissterne erkalten lassen.

5 Für den Guss Puderzucker in eine kleine Rührschüssel sieben, so viel Zitronensaft unterrühren, dass eine streichfähige Masse entsteht. Die Eissterne damit bestreichen (mit Hilfe eines Pinsels) und mit Kuchenglitter (Glitterzucker) bestreuen. Guss fest werden lassen.

6 Das Gebäck in einer gut schließenden Dose aufbewahren.

Tipp

Die Eissterne statt mit Kuchenglitter, mit etwas grobem Zucker bestreuen.

Schwedische Kardamomsterne

Zubereitungszeit: 80 Minuten, ohne Ruhezeit
Insgesamt: E: 45 g, F: 16 g, Kh: 459 g, kJ: 9455, kcal: 2258 | **Dauert länger**

Für den Biskuitteig:
2 Eier (Größe M)
1 EL Kirschwasser oder heißes Wasser
250 g gesiebter Puderzucker
1 Pck. Dr. Oetker Vanillin-Zucker
1/2 TL gemahlener Kardamom
275 g Weizenmehl
1/2 TL Dr. Oetker Backin

1 Für den Teig Eier und Kirschwasser oder Wasser mit Handrührgerät mit Rührbesen auf höchster Stufe in 1 Minute schaumig schlagen. Puderzucker und Vanillin-Zucker mischen, in 1 Minute einstreuen und noch 2 Minuten schlagen. Kardamom unterrühren.

2 Mehl mit Backpulver mischen und nur so viel von dem Mehlgemisch unterrühren, dass ein dicker Brei entsteht. Restliches Mehlgemisch auf der bemehlten Arbeitsfläche unterkneten. Den Teig etwa 7 mm dick ausrollen, Sterne (Ø 5 cm) ausstechen und diese auf Backbleche (mit Backpapier belegt) legen.

3 Teigsterne über Nacht bei Zimmertemperatur trocknen lassen (nicht abdecken). Die Backbleche nacheinander (bei Heißluft zusammen) in den vorgeheizten Backofen schieben.

Ober-/Unterhitze: etwa 140 °C
Heißluft: etwa 120 °C
Backzeit: etwa 30 Minuten je Backblech.

4 Das Gebäck mit dem Backpapier vom Backblech auf einen Kuchenrost ziehen und erkalten lassen.

Orangen-Whisky-Spalten

Zubereitungszeit: 90 Minuten, ohne Kühlzeit
Insgesamt: E: 38 g, F: 134 g, Kh: 552 g, kJ: 15585, kcal: 3722 | **Für Gäste**

Für den Knetteig:
270 g Weizenmehl
120 g Zucker
1 Prise Salz
1/2 Pck. Dr. Oetker Finesse Orangenfrucht
1 Ei (Größe M)
150 g Butter oder Margarine
2 EL Whisky

Für den Guss:
230 g gesiebter Puderzucker
3–4 EL Whisky
orangefarbige Speisefarbe
2–3 EL Zitronensaft

1 Für den Teig Mehl in eine Rührschüssel sieben. Zucker, Salz, Orangenfrucht, Ei, Butter oder Margarine und Whisky hinzufügen und die Zutaten mit Handrührgerät mit Knethaken zunächst auf niedrigster, dann auf höchster Stufe gut durcharbeiten.

2 Anschließend auf der leicht bemehlten Arbeitsfläche zu einem glatten Teig verkneten. Aus dem Teig 2 Rollen (Länge je etwa 15 cm) formen. Teigrollen der Länge nach mit einem Messer in der Mitte durchschneiden. Die Teighälften in Frischhaltefolie gewickelt mindestens 2 Stunden kalt stellen.

3 Die Teighälften mit der flachen Seite auf die Arbeitsfläche legen und in etwa 1/2 cm dicke Scheiben schneiden. Teigscheiben auf Backbleche (mit Backpapier belegt) legen. Die Backbleche nacheinander (bei Heißluft zusammen) in den vorgeheizten Backofen schieben.

Ober-/Unterhitze: etwa 180 °C
Heißluft: etwa 160 °C
Backzeit: 10–15 Minuten je Backblech.

4 Die Backbleche auf Kuchenroste stellen und die Plätzchen etwa 5 Minuten abkühlen lassen. Dann die Plätzchen mit dem Backpapier von den Backblechen auf Kuchenroste ziehen. Plätzchen erkalten lassen.

5 Für den Guss 130 g des Puderzuckers mit Whisky und Speisefarbe zu einer dickflüssigen Masse verrühren und die Plätzchen damit bestreichen. Restlichen Puderzucker mit Zitronensaft zu einem Guss verrühren, in einen kleinen Gefrierbeutel geben und eine kleine Ecke abschneiden. Den Guss jeweils in Form einer Orangenscheibe auf die Plätzchen spritzen. Guss trocknen lassen.

Tipp

Falls keine orangefarbige Speisefarbe vorhanden ist, rühren Sie so viel gelbe und rote Speisefarbe in den Guss, bis der gewünschte Farbton entstanden ist.

Rotbusch-Baisers

Zubereitungszeit: 40 Minuten
Insgesamt: E: 8 g, F: 0 g, Kh: 125 g, kJ: 2239, kcal: 535 | **Raffiniert**

Zum Vorbereiten:
2 gestr. EL (10 g) Rotbuschtee
50 ml kochendes Wasser

Für die Eiweißmasse:
2 Eiweiß (Größe M)
80 g feinkörniger Zucker
40 g Puderzucker
2 TL Speisestärke

Tipp

Sie können auch Rotbuschtee aus Teebeuteln verwenden, z. B. Tee mit Vanille-Geschmack. Dafür Teebeutel aufschneiden und Teestückchen ohne Beutel verwenden. Baisers nach Belieben teilweise mit dunkler Kuchenglasur überziehen (Foto).

1. Zum Vorbereiten Rotbuschtee mit Wasser übergießen und zugedeckt etwa 10 Minuten stehen lassen. Den Tee durch ein feines Sieb gießen (Teestückchen ausdrücken) und die Flüssigkeit dabei auffangen.
2. Für die Eiweißmasse Eiweiß mit dem aufgefangenen, flüssigen Tee steif schlagen. Nach und nach Zucker unter Rühren einrieseln lassen. So lange weiterschlagen, bis ein glänzender fester Eischnee entstanden ist.
3. Puderzucker mit Speisestärke mischen, auf die Eischneemasse sieben und mit Handrührgerät mit Rührbesen auf niedrigster Stufe unterrühren.
4. Den Teig mit zwei Teelöffeln in Häufchen auf Backbleche (mit Backpapier belegt) setzen, dabei genügend Abstand zwischen den Teighäufchen lassen.
5. Die Backbleche zusammen in den vorgeheizten Backofen schieben. (Bei Ober-/Unterhitze einen Kochlöffel zwischen Ofen und Ofentür klemmen, damit die Feuchtigkeit entweichen kann). Die Backbleche während des Backens 2–3-mal umsetzen.

   Ober-/Unterhitze: etwa 150 °C
   Heißluft: etwa 130 °C
   Backzeit: 1 1/2 –1 3/4 Stunden je Backblech.

6. Gebäck mit dem Backpapier von den Backblechen auf Kuchenroste ziehen und erkalten lassen.

Schwedische Kardamomsterne

Zubereitungszeit: 80 Minuten, ohne Ruhezeit
Insgesamt: E: 45 g, F: 16 g, Kh: 459 g, kJ: 9455, kcal: 2258 | **Dauert länger**

Für den Biskuitteig:
2 Eier (Größe M)
1 EL Kirschwasser oder heißes Wasser
250 g gesiebter Puderzucker
1 Pck. Dr. Oetker Vanillin-Zucker
½ TL gemahlener Kardamom
275 g Weizenmehl
½ TL Dr. Oetker Backin

1 Für den Teig Eier und Kirschwasser oder Wasser mit Handrührgerät mit Rührbesen auf höchster Stufe in 1 Minute schaumig schlagen. Puderzucker und Vanillin-Zucker mischen, in 1 Minute einstreuen und noch 2 Minuten schlagen. Kardamom unterrühren.

2 Mehl mit Backpulver mischen und nur so viel von dem Mehlgemisch unterrühren, dass ein dicker Brei entsteht. Restliches Mehlgemisch auf der bemehlten Arbeitsfläche unterkneten. Den Teig etwa 7 mm dick ausrollen, Sterne (Ø 5 cm) ausstechen und diese auf Backbleche (mit Backpapier belegt) legen.

3 Teigsterne über Nacht bei Zimmertemperatur trocknen lassen (nicht abdecken). Die Backbleche nacheinander (bei Heißluft zusammen) in den vorgeheizten Backofen schieben.

Ober-/Unterhitze: etwa 140 °C
Heißluft: etwa 120 °C
Backzeit: etwa 30 Minuten je Backblech.

4 Das Gebäck mit dem Backpapier vom Backblech auf einen Kuchenrost ziehen und erkalten lassen.

Likörhäppchen

Zubereitungszeit: 40 Minuten, ohne Abkühlzeit
Insgesamt: E: 29 g, F: 64 g, Kh: 417 g, kJ: 10170, kcal: 2429 | **Für Gäste**

Für den All-in-Teig:
170 g Weizenmehl
50 g Speisestärke
1/2 TL Dr. Oetker Backin
120 g Zucker
1 Pck. Dr. Oetker Vanillin-Zucker
1 Ei (Größe M)
5 EL Speiseöl
5 EL Eierlikör

Für den Guss:
2–3 EL Eierlikör
100 g gesiebter Puderzucker

1 Für den Teig Mehl mit Speisestärke und Backpulver mischen, in eine Rührschüssel sieben und Zucker, Vanillin-Zucker, Ei, Speiseöl und Likör hinzufügen. Die Zutaten mit Handrührgerät mit Rührbesen zunächst kurz auf niedrigster, dann auf höchster Stufe in etwa 2 Minuten zu einem glatten Teig verarbeiten.

2 Den Teig mit zwei Teelöffeln in Häufchen auf Backbleche (mit Backpapier belegt) setzen. Die Backbleche nacheinander (bei Heißluft zusammen) in den vorgeheizten Backofen schieben.

Ober-/Unterhitze: etwa 180 °C
Heißluft: etwa 160 °C
Backzeit: etwa 20 Minuten je Backblech.

3 Die Likörhäppchen mit dem Backpapier von den Backblechen auf Kuchenroste ziehen, Likörhäppchen erkalten lassen.

4 Für den Guss Eierlikör und Puderzucker zu einer dickflüssigen Masse verrühren. Die Likörhäppchen mit dem Guss bestreichen und den Guss trocknen lassen.

Tipp

Zusätzlich Schokoladenblättchen auf den noch feuchten Guss streuen und trocknen lassen.

Mascarpone-Zimt-Häufchen

Zubereitungszeit: 45 Minuten, ohne Abkühlzeit
Insgesamt: E: 35 g, F: 187 g, Kh: 481 g, kJ: 15868, kcal: 3788 | **Etwas aufwändiger**

Zum Vorbereiten:
150 g getrocknete Aprikosen

Für den Rührteig:
250 g Mascarpone (italienischer Frischkäse)
80 g weiches Butterschmalz
100 g Zucker
1 Prise Salz
1/2 Pck. Dr. Oetker Finesse Geriebene Zitronenschale
150 g Weizenmehl
100 g Speisestärke
1/2 TL Dr. Oetker Backin
1 TL gemahlener Zimt

Für den Guss:
100 g gesiebter Puderzucker
1 TL gemahlener Zimt
1–2 TL Zitronensaft

einige getrocknete Aprikosenstückchen

1 Zum Vorbereiten Aprikosen in sehr kleine Stücke schneiden oder mit einem Blitzhacker fein hacken.

2 Für den Teig Mascarpone, Butterschmalz, Zucker, Salz und Zitronenschale in eine Rührschüssel geben und mit Handrührgerät mit Rührbesen auf höchster Stufe etwa 1 Minute geschmeidig rühren. Aprikosenstückchen unterrühren.

3 Mehl mit Speisestärke, Backpulver und Zimt mischen, sieben und in 2 Portionen auf mittlerer Stufe unter die Mascarponecreme rühren.

4 Den Teig mit zwei Teelöffeln in Häufchen auf Backbleche (mit Backpapier belegt) setzen. Die Backbleche nacheinander (bei Heißluft zusammen) in den vorgeheizten Backofen schieben.

Ober-/Unterhitze: etwa 180 °C
Heißluft: etwa 160 °C
Backzeit: 15–20 Minuten je Backblech.

5 Das Gebäck mit dem Backpapier von den Backblechen auf Kuchenroste ziehen. Gebäck erkalten lassen.

6 Für den Guss Puderzucker mit Zimt und Zitronensaft zu einer dickflüssigen Masse verrühren. Den Guss in einen kleinen Gefrierbeutel geben und eine kleine Ecke abschneiden. Das Gebäck mit dem Guss besprenkeln und mit Aprikosenstückchen garnieren. Guss trocknen lassen.

Mohnkekse

Zubereitungszeit: 40 Minuten
Insgesamt: E: 36 g, F: 153 g, Kh: 339 g, kJ: 11973, kcal: 2857 | **Für Gäste**

Für den All-in-Teig:
170 g Weizenmehl
1 TL Dr. Oetker Backin
1 Pck. Dr. Oetker Pudding-Pulver Vanille-Geschmack
120 g brauner Zucker (Kandisfarin)
1 Prise Salz
30 g ganzer Mohnsamen
1 Ei (Größe M)
1 Eigelb (Größe M)
4 EL Milch
75 ml Speiseöl
50 ml Nussöl

etwa 100 g Sauerkirschkonfitüre

1 Für den Teig Mehl mit Backpulver und Pudding-Pulver mischen, in eine Rührschüssel sieben und Zucker, Salz, Mohnsamen, Ei, Eigelb, Milch, Speise- und Nussöl hinzufügen. Die Zutaten mit Handrührgerät mit Rührbesen zunächst kurz auf niedrigster, dann auf mittlerer Stufe zu einem Teig verarbeiten.

2 Von dem Teig mit zwei Teelöffeln walnussgroße Häufchen abstechen und auf Backbleche (mit Backpapier belegt) setzen, dabei genügend Abstand zwischen den Teighäufchen lassen.

3 In die Mitte jedes Teighäufchens mit einem Kochlöffelstiel eine kleine Vertiefung drücken (Stiel zwischendurch immer wieder in Mehl wenden) und mit Konfitüre füllen. Die Backbleche nacheinander (bei Heißluft zusammen) in den vorgeheizten Backofen schieben.

Ober-/Unterhitze: etwa 200 °C
Heißluft: etwa 180 °C
Backzeit: 10–15 Minuten je Backblech.

4 Die Kekse mit dem Backpapier von den Backblechen auf Kuchenroste ziehen und erkalten lassen.

Schoko-Minz-Knöpfe

Zubereitungszeit: 120 Minuten, ohne Kühlzeit
Insgesamt: E: 42 g, F: 149 g, Kh: 606 g, kJ: 16437, kcal: 3927 **| Dauert länger**

Für den Knetteig:
250 g Weizenmehl
1 TL Dr. Oetker Backin
20 g Kakaopulver
100 g Puderzucker
1 Pck. Dr. Oetker Bourbon-Vanille-Zucker
1 Ei (Größe M)
150 g Butter oder Margarine

Für die Minzemasse:
50 g heller Sirup
250 g gesiebter Puderzucker
1 EL Zitronensaft
einige Tropfen Pfefferminzöl (aus der Apotheke)
einige Tropfen grüne Speisefarbe

Zum Bestreichen:
30 g Zartbitter-Kuvertüre

1 Für den Teig Mehl, Backpulver, Kakao und Puderzucker mischen und in eine Rührschüssel sieben. Vanille-Zucker, Ei und Butter oder Margarine dazugeben und die Zutaten mit Handrührgerät mit Knethaken zunächst kurz auf niedrigster, dann auf höchster Stufe gut durcharbeiten.

2 Anschließend auf der bemehlten Arbeitsfläche zu einem glatten Teig verkneten und in Folie gewickelt etwa 30 Minuten kalt stellen.

3 Den Teig portionsweise auf der leicht bemehlten Arbeitsfläche 2–3 mm dick ausrollen und 60 Taler (Ø etwa 4,5 cm) ausstechen. Teigtaler auf Backbleche (gefettet, mit Backpapier belegt) legen.

4 Aus der Mitte jedes Teigtalers mit einer kleinen Lochtülle (Ø etwa 5 mm) nebeneinander zwei Löcher ausstechen, so dass die Taler wie Knöpfe aussehen. Die Backbleche nacheinander (bei Heißluft zusammen) in den vorgeheizten Backofen schieben.

Ober-/Unterhitze: etwa 180 °C
Heißluft: etwa 160 °C
Backzeit: 10–15 Minuten je Backblech.

5 Die Taler mit dem Backpapier von den Backblechen auf Kuchenroste ziehen und erkalten lassen.

6 Für die Minzemasse Sirup, Puderzucker, Zitronensaft, Minzöl und etwas Speisefarbe in eine Rührschüssel geben. Die Zutaten mit Handrührgerät mit Knethaken zunächst kurz auf niedrigster, dann auf höchster Stufe gut durcharbeiten. Anschließend auf der Arbeitsfläche zu einer glatten Masse verkneten.

7 Die Masse portionsweise auf der mit Puderzucker bestäubten Arbeitsfläche knapp 2 mm dick ausrollen und 60 Taler (Ø etwa 3 cm) ausstechen.

8 Zum Bestreichen Kuvertüre in Stücke hacken, in einem kleinen Topf im Wasserbad bei schwacher Hitze zu einer geschmeidigen Masse verrühren und etwas abkühlen lassen.

9 Kuvertüre in einen kleinen Gefrierbeutel oder ein Papiertütchen füllen und eine Ecke abschneiden. In die Mitte jedes Schokotalers zwei kleine Tupfen spritzen, einen grünen Taler darauf legen und andrücken. Die Kuvertüre fest werden lassen und mit einem Stäbchen die „Knopflöcher" stechen.

Tipp

Die Schoko-Minz-Knöpfe halten sich ohne Guss 3–4 Wochen und mit Guss etwa 8 Tage in gut schließenden Dosen.

Größe 38
Größe 42
Größe 44

Rondellchen

Zubereitungszeit: 55 Minuten, ohne Kühlzeit
Insgesamt: E: 26 g, F: 107 g, Kh: 521 g, kJ: 13348, kcal: 3191 | **Raffiniert**

Für den Knetteig:
250 g Weizenmehl
½ TL Dr. Oetker Backin
75 g Zucker
1 Pck. Dr. Oetker Vanillin-Zucker
2–3 EL Milch
125 g Butter oder Margarine

Zum Bestreichen:
2–3 EL rotes Johannisbeergelee

Für den Guss:
2 TL rotes Johannisbeergelee
200 g gesiebter Puderzucker
etwas heißes Wasser

1 Für den Teig Mehl mit Backpulver mischen und in eine Rührschüssel sieben. Zucker, Vanillin-Zucker, Milch und Butter oder Margarine hinzufügen und die Zutaten mit Handrührgerät mit Knethaken zunächst kurz auf niedrigster, dann auf höchster Stufe gut durcharbeiten.

2 Anschließend auf der leicht bemehlten Arbeitsfläche zu einem glatten Teig verkneten. Den Teig zu einer etwa 30 cm langen Rolle formen. Die Teigrolle in Frischhaltefolie gewickelt mindestens 1 Stunde kalt stellen.

3 Die Teigrolle mit einem scharfen Messer in 3 mm dicke Scheiben schneiden. Dabei die Rolle immer wieder drehen, damit die Scheiben gleichmäßig abgeschnitten werden. Teigscheiben auf Backbleche (gefettet, mit Backpapier belegt) legen. Die Backbleche nacheinander (bei Heißluft zusammen) in den vorgeheizten Backofen schieben.

Ober-/Unterhitze: etwa 180 °C
Heißluft: etwa 160 °C
Backzeit: 8–10 Minuten je Backblech.

4 Das Gebäck mit dem Backpapier von den Backblechen auf Kuchenroste ziehen. Gebäck erkalten lassen.

5 Zum Bestreichen Gelee in einem kleinen Topf schmelzen, etwas abkühlen lassen. Die Hälfte des Gebäcks auf der Unterseite mit Gelee bestreichen und restliches Gebäck mit der Unterseite darauf legen.

6 Für den Guss Gelee in einem kleinen Topf erhitzen, zuerst etwa 2 Esslöffel Wasser, dann Puderzucker unterrühren. So viel Wasser hinzugeben, dass ein streichfähiger Guss entsteht. Das Gebäck damit bestreichen und den Guss fest werden lassen.

Tipp

Zum Garnieren 100 g Marzipan-Rohmasse mit 50 g gesiebtem Puderzucker verkneten und auf einer mit Puderzucker bestäubten Arbeitsfläche dünn ausrollen. Aus der Marzipanplatte mit kleinen Ausstechförmchen Figuren ausstechen. Marzipan-Figuren auf ein Stück Backpapier legen. Etwa 40 g dunkle Kuchenglasur im Wasserbad nach Packungsanleitung schmelzen und die Marzipanfiguren damit bestreichen, trocknen lassen. Die Figuren auf den feuchten Guss legen und trocknen lassen.

Schwarz-Weiß-Brocken

Zubereitungszeit: 40 Minuten | Insgesamt: E: 24 g, F: 136 g, Kh: 258 g, kJ: 9818, kcal: 2344 | **Klassisch**

Für den Rührteig:
150 g weiche Butter oder Margarine
120 g Zucker
1 Pck. Dr. Oetker Vanillin-Zucker
1 Ei (Größe M)
120 g Weizenmehl
50 g Speisestärke
1 TL Dr. Oetker Backin
1 EL Kakaopulver (schwach entölt)
1 EL Milch

1 Für den Teig Butter oder Margarine mit Handrührgerät mit Rührbesen auf höchster Stufe geschmeidig rühren. Nach und nach Zucker und Vanillin-Zucker unterrühren und so lange rühren, bis eine gebundene Masse entstanden ist. Ei in etwa ½ Minute unterrühren.

2 Mehl mit Speisestärke und Backpulver mischen, sieben und in 2 Portionen kurz auf mittlerer Stufe unterrühren. Den Teig halbieren. Eine Teighälfte in einen tiefen Teller geben und glatt streichen.

3 Restlichen Teig mit Kakao und Milch verrühren, auf die Teighälfte in den Teller geben und glatt streichen.

4 Von dem geschichteten Teig mit zwei Teelöffeln Häufchen abstechen und auf Backbleche (mit Backpapier belegt) setzen, dabei genügend Abstand zwischen den Teighäufchen lassen. Die Backbleche nacheinander (bei Heißluft zusammen) in den vorgeheizten Backofen schieben.

Ober-/Unterhitze: etwa 200 °C
Heißluft: etwa 180 °C
Backzeit: 10–15 Minuten je Backblech.

5 Das Gebäck mit dem Backpapier von den Backblechen auf Kuchenroste ziehen und erkalten lassen.

Konfetti-Taler

Zubereitungszeit: 40 Minuten, ohne Kühlzeit
Insgesamt: E: 31 g, F: 112 g, Kh: 390 g, kJ: 11266, kcal: 2690 | **Für Kinder**

Für den Knetteig:
125 g Butter
125 g Zucker
1 Pck. Dr. Oetker Vanillin-Zucker
1 Ei (Größe M)
200 g Weizenmehl
50 g Speisestärke
1 TL Dr. Oetker Backin

100 g klein geschnittene, kandierte Früchte

1 Für den Teig Butter in einer Rührschüssel mit Handrührgerät mit Rührbesen geschmeidig rühren. Nach und nach Zucker und Vanillin-Zucker unterrühren und so lange rühren, bis eine gebundene Masse entstanden ist. Ei in etwa ½ Minute unterrühren.

2 Mehl mit Speisestärke und Backpulver mischen, die Hälfte davon auf mittlerer Stufe unterrühren und restliches Mehlgemisch auf der bemehlten Arbeitsfläche unterarbeiten, Fruchtstückchen unterkneten. Den Teig zu Rollen (Ø etwa 2 ½ cm) formen und in Frischhaltefolie gewickelt einige Stunden oder über Nacht kalt stellen.

3 Die Teigrollen in gut ½ cm dicke Scheiben schneiden und auf Backbleche (mit Backpapier belegt) legen. Die Backbleche nacheinander (bei Heißluft zusammen) in den vorgeheizten Backofen schieben.

Ober-/Unterhitze: 180–200 °C
Heißluft: 160–180 °C
Backzeit: etwa 12 Minuten je Backblech.

4 Die Konfettitaler mit dem Backpapier von den Backblechen auf Kuchenroste ziehen. Konfettitaler erkalten lassen.

Karamellos

Zubereitungszeit: 40 Minuten, ohne Abkühlzeit
Insgesamt: E: 44 g, F: 151 g, Kh: 282 g, kJ: 11146, kcal: 2659 | **Raffiniert**

Für den Teig:
200 g Schlagsahne
150 g Zucker
100 g sehr fein gehacktes Orangeat
80 g blütenzarte Haferflocken
150 g abgezogene ganze Mandeln

Tipp

Karamellos müssen kross sein.

1 Für den Teig Sahne mit Zucker in einem weiten hohen Topf unter gelegentlichem Rühren bei mittlerer Hitze zum Kochen bringen und etwa 3 Minuten unter gelegentlichem Rühren sprudelnd kochen lassen. Topf von der Kochstelle nehmen und Sahne abkühlen lassen.

2 Klein geschnittenes Orangeat, Haferflocken und Mandeln zur Sahnemasse geben und unterrühren.

3 Den Teig mit zwei Teelöffeln in Häufchen auf Backbleche (mit Backpapier belegt) geben, dabei genügend Abstand zwischen den Häufchen lassen. Die Backbleche nacheinander (bei Heißluft zusammen) in den vorgeheizten Backofen schieben.

Ober-/Unterhitze: etwa 180 °C
Heißluft: etwa 160 °C
Backzeit: etwa 12 Minuten je Backblech.

4 Das Gebäck mit dem Backpapier von den Backblechen auf Kuchenroste ziehen und erkalten lassen. Gebäckränder evtl. etwas gerade schneiden.

Kandis-Kekse

Zubereitungszeit: 30 Minuten, ohne Kühlzeit
Insgesamt: E: 39 g, F: 143 g, Kh: 321 g, kJ: 11380, kcal: 2719 | **Einfach**

Für den Knetteig:
300 g Weizenmehl
1/2 TL Dr. Oetker Backin
70 g brauner Krümelkandis
1 Prise Salz
1 Becher (150 g) stichfeste saure Sahne
150 g Butter

Zum Bestreuen:
30 g brauner Krümelkandis

1 Für den Teig Mehl mit Backpulver mischen und in eine Rührschüssel sieben. Kandis, Salz, saure Sahne und Butter hinzufügen und die Zutaten mit Handrührgerät mit Knethaken zunächst kurz auf niedrigster, dann auf höchster Stufe gut durcharbeiten.

2 Anschließend auf der leicht bemehlten Arbeitsfläche zu einem glatten Teig verkneten. Aus dem Teig zwei Rollen (Länge je etwa 20 cm) formen und die Teigrollen in Frischhaltefolie gewickelt mindestens 1 Stunde kalt stellen.

3 Die Teigrollen mit einem Sägemesser in etwa 4 mm dicke Scheiben schneiden. Dabei die Rollen immer wieder drehen, damit die Scheiben gleichmäßig abgeschnitten werden. Die Teigscheiben auf Backbleche (mit Backpapier belegt) legen und mit dem restlichen Kandis bestreuen. Die Backbleche nacheinander (bei Heißluft zusammen) in den vorgeheizten Backofen schieben.

Ober-/Unterhitze: etwa 180 °C
Heißluft: etwa 160 °C
Backzeit: 15–20 Minuten je Backblech.

4 Die Backbleche auf Kuchenroste stellen und die Kekse etwa 5 Minuten auf den Backblechen abkühlen lassen. Dann die Kekse mit dem Backpapier von den Backblechen auf Kuchenroste ziehen, Kekse erkalten lassen.

Piña-Colada-Makronen

Zubereitungszeit: 30 Minuten, ohne Durchzieh- und Abkühlzeit
Insgesamt: E: 27 g, F: 149 g, Kh: 278 g, kJ: 11042, kcal: 2630 | **Für Gäste – mit Alkohol**

Zum Vorbereiten:
100 g getrocknete, gezuckerte Ananasstücke
3 EL weißer Rum

Für die Eiweißmasse:
3 Eiweiß (Größe M)
120 g feinkörniger Zucker
1 Prise Salz
abgeriebene Schale von ½ Bio-Limette (unbehandelt)
200 g Kokosraspel

Für den Guss:
50 g Kuchenglasur Zitronen-Geschmack

Zum Garnieren:
einige rote Belegkirschen
einige getrocknete, gezuckerte Ananasstückchen
einige Schalenstücke von 1 Bio-Limette (unbehandelt)

1 Zum Vorbereiten Ananasstücke sehr fein hacken, in eine Schüssel geben und mit Rum mischen. Etwa 1 Stunde stehen lassen, bis der Rum fast vollständig aufgesogen ist.

2 Für die Eiweißmasse Eiweiß mit Handrührgerät mit Rührbesen auf höchster Stufe steif schlagen. Der Schnee muss so fest sein, dass ein Messerschnitt sichtbar bleibt. Zucker und Salz kurz unterschlagen.

3 Limettenschale, Kokosraspel und die eingeweichten Ananasstückchen vorsichtig unterheben.

4 Die Masse mit 2 Teelöffeln in Häufchen auf Backbleche (mit Backpapier belegt) setzen, dabei genügend Abstand zwischen den Häufchen lassen.

5 Die Backbleche nacheinander (bei Heißluft zusammen) in den vorgeheizten Backofen schieben.

Ober-/Unterhitze: etwa 140 °C
Heißluft: etwa 120 °C
Backzeit: etwa 20 Minuten je Backblech.

6 Die Makronen mit dem Backpapier von den Backblechen auf Kuchenroste ziehen. Makronen erkalten lassen.

7 Für den Guss Kuchenglasur im heißen Wasserbad nach Packungsanleitung auflösen. Die Spitzen der Makronen mit dem Guss bestreichen Belegkirschen in kleine Stücke schneiden. Kirsch-, Ananasstückchen und Limettenschale auf den Guss legen. Guss trocknen lassen.

Knusperchen

Zubereitungszeit: 60 Minuten, ohne Abkühlzeit
Insgesamt: E: 29 g, F: 89 g, Kh: 506 g, kJ: 12578, kcal: 3004 | **Für Kinder**

Für den Knetteig:
250 g Weizenmehl
1 TL Dr. Oetker Backin
100 g Zucker
1 Pck. Dr. Oetker Vanillin-Zucker
4 Tropfen Zitronen-Aroma
3 EL Milch oder Wasser
100 g Butter oder Margarine

Für den Guss:
200 g gesiebter Puderzucker
etwa 2 EL Wasser

Zum Garnieren:
Buntzucker
Liebesperlen
Zuckerlinsen
Schokoladenstreusel

1 Für den Teig Mehl und Backpulver mischen, in eine Rührschüssel sieben und Zucker, Vanillin-Zucker, Aroma, Milch oder Wasser und Butter oder Margarine hinzufügen. Die Zutaten mit Handrührgerät mit Knethaken zunächst kurz auf niedrigster, dann auf höchster Stufe gut durcharbeiten.

2 Anschließend auf der Arbeitsfläche zu einem glatten Teig verkneten. Sollte er kleben, ihn in Folie gewickelt eine Zeit lang kalt stellen.

3 Den Teig dünn ausrollen. Plätzchen in beliebigen Formen, z. B. Herzen, Sterne oder Tannenbäume ausstechen und auf ein Backblech (gefettet, mit Backpapier belegt) legen. Das Backblech in den vorgeheizten Backofen schieben.

Ober-/Unterhitze: 200–220 °C
Heißluft: 180–200 °C
Backzeit: 8–10 Minuten.

4 Die Plätzchen mit dem Backpapier vom Backblech auf einen Kuchenrost ziehen und erkalten lassen.

5 Für den Guss den Puderzucker mit Wasser zu einer dickflüssigen Masse verrühren. Die Plätzchen damit bestreichen und mit den Süßigkeiten garnieren, solange der Guss noch weich ist.

Plätzchen aus Orangenbiskuit

Zubereitungszeit: 45 Minuten, ohne Abkühlzeit
Insgesamt: E: 43 g, F: 46 g, Kh: 430 g, kJ: 9724, kcal: 2327 | **Für Kinder – fruchtig**

Für den Biskuitteig:
3 Eier (Größe M)
3 EL Orangensaft
150 g Zucker
1 Pck. Dr. Oetker Vanillin-Zucker
1 Pck. Dr. Oetker Finesse Orangenfrucht
175 g Weizenmehl

Für den Guss:
100 g gesiebter Puderzucker
etwa 2 EL Orangensaft
etwa 75 g Halbbitter-Kuvertüre

1 Für den Teig Eier und Orangensaft in einer Rührschüssel mit Handrührgerät mit Rührbesen auf höchster Stufe in 1 Minute schaumig schlagen. Zucker, Vanillin-Zucker und Orangenfrucht mischen, in 1 Minute einstreuen und noch etwa 2 Minuten schlagen.

2 Die Hälfte des Mehls auf die Eiercreme sieben und kurz auf niedrigster Stufe unterrühren, restliches Mehl auf die gleiche Weise unterarbeiten.

3 Den Teig mit 2 Teelöffeln in walnussgroßen Häufchen auf Backbleche (mit Backpapier belegt) setzen, dabei genügend Abstand zwischen den Teighäufchen lassen (Teig läuft auseinander). Die Backbleche nacheinander (bei Heißluft zusammen) in den vorgeheizten Backofen schieben.

Ober-/Unterhitze: 180–200 °C
Heißluft: 160–180 °C
Backzeit: 12–14 Minuten je Backblech.

4 Die Plätzchen mit dem Backpapier von den Backblechen auf Kuchenroste ziehen. Plätzchen erkalten lassen.

5 Für den Guss Puderzucker mit so viel Orangensaft verrühren, dass eine dickflüssige Masse entsteht. Den Guss in ein Pergamentpapiertütchen füllen und eine kleine Spitze abschneiden. Jeweils eine Spirale auf die Plätzchen spritzen.

6 Kuvertüre in kleine Stücke hacken und in einem kleinen Topf im Wasserbad bei schwacher Hitze schmelzen. Kuvertüre ebenfalls in ein Pergamentpapiertütchen füllen, eine kleine Spitze abschneiden und eine zweite Spirale auf die Plätzchen spritzen. Guss fest werden lassen.

Tee-Plätzchen

Zubereitungszeit: 45 Minuten, ohne Abkühlzeit
Insgesamt: E: 27 g, F: 174 g, Kh: 407 g, kJ: 13808, kcal: 3298 | **Raffiniert**

Zum Vorbereiten:
200 g Butter
4 Beutel grüner Tee (je 1,75 g)
3 EL Wasser

Für den All-in-Teig:
170 g Weizenmehl
100 g Speisestärke
1/2 TL Dr. Oetker Backin
100 g gesiebter Puderzucker
1 Ei (Größe M)

Für den Guss:
1 Beutel grüner Tee (1,75 g)
3 EL gekochtes, etwas abgekühltes Wasser
100 g Puderzucker

1 Zum Vorbereiten Butter in einem kleinen Topf zerlassen. Die Teebeutel aufschneiden und den Teeinhalt mit dem Wasser zur Butter geben, im geschlossenen Topf bei schwacher Hitze 10 Minuten ziehen lassen. Teebutter durch ein Sieb geben, ausdrücken und etwas abkühlen lassen.

2 Für den Teig Mehl mit Speisestärke und Backpulver mischen, in eine Rührschüssel sieben und Puderzucker, Ei und die Teebutter hinzufügen. Die Zutaten mit Handrührgerät mit Rührbesen zunächst kurz auf niedrigster, dann auf höchster Stufe in etwa 2 Minuten zu einem glatten Teig verarbeiten.

3 Den Teig mit zwei Teelöffeln in Häufchen auf Backbleche (mit Backpapier belegt) setzen. Die Backbleche nacheinander (bei Heißluft zusammen) in den vorgeheizten Backofen schieben.

Ober-/Unterhitze: etwa 180 °C
Heißluft: etwa 160 °C
Backzeit: 20–25 Minuten je Backblech.

4 Die Plätzchen mit dem Backpapier von den Backblechen auf Kuchenroste ziehen, Plätzchen erkalten lassen.

5 Für den Guss den Teebeutel in einen Becher geben, mit heißem Wasser überbrühen und 3 Minuten ziehen lassen. Teebeutel ausdrücken. Puderzucker mit 1–2 Esslöffeln grünen Tee zu einer dickflüssigen Masse verrühren.

6 Den Guss in einen kleinen Gefrierbeutel geben und eine kleine Ecke abschneiden. Den Guss gitterartig auf die Plätzchen spritzen und trocknen lassen.

Königinplätzchen

Zubereitungszeit: 65 Minuten
Insgesamt: E: 78 g, F: 199 g, Kh: 306 g, kJ: 13933, kcal: 3328 | **Mit Alkohol**

Für den Knetteig:
250 g Weizenmehl
100 g Zucker
½ TL abgeriebene Schale von 1 Bio-Zitrone (unbehandelt)
1 Ei (Größe M)
1 Eigelb (Größe M)
100 g Butter
2 EL trockener Marsala-Wein

1 Eiweiß (Größe M)

Zum Wälzen:
200 g Sesamsamen

1 Für den Teig Mehl in eine Rührschüssel sieben. Zucker, Zitronenschale, Ei, Eigelb, Butter und Wein hinzufügen und die Zutaten mit Handrührgerät mit Knethaken zunächst kurz auf niedrigster, dann auf höchster Stufe gut durcharbeiten.

2 Anschließend auf der bemehlten Arbeitsfläche zu einem glatten Teig verkneten. Sollte er kleben, ihn in Folie gewickelt eine Zeit lang kalt stellen.

3 Aus dem Teig etwa 40 Kroketten (etwa 5 cm Länge) formen. Eiweiß verschlagen und Sesam in eine flache Schüssel geben. Teigkroketten zuerst mit dem verschlagenen Eiweiß bestreichen, dann in Sesam wälzen. Die Teigkroketten auf Backbleche (mit Backpapier belegt) legen. Die Backbleche nacheinander (bei Heißluft zusammen) in den vorgeheizten Backofen schieben.

Ober-/Unterhitze: etwa 160 °C
Heißluft: etwa 140 °C
Backzeit: etwa 45 Minuten je Backblech.

4 Die Plätzchen mit dem Backpapier von den Backblechen auf Kuchenroste ziehen. Plätzchen erkalten lassen.

Tipp

Die Plätzchen halten sich in einer gut schließenden Dose einige Wochen frisch.

Frischkäse-Kekse

Zubereitungszeit: 30 Minuten
Insgesamt: E: 69 g, F: 222 g, Kh: 203 g, kJ: 12791, kcal: 3054 | **Raffiniert**

Für den Rührteig:
200 g Doppelrahm-Frischkäse
50 g weiches Butterschmalz
120 g Zucker
1 Pck. Dr. Oetker Vanillin-Zucker
3 Tropfen Bittermandel-Aroma
1 Eiweiß (Größe M)
50 g Weizenmehl
1 Msp. Dr. Oetker Backin
200 g abgezogene, gemahlene Mandeln
1 TL Dr. Oetker Finesse Geriebene Zitronenschale
2–3 EL Puderzucker

1 Für den Teig Frischkäse und Butterschmalz mit Handrührgerät mit Rührbesen auf höchster Stufe geschmeidig rühren. Nach und nach Zucker, Vanillin-Zucker und Aroma unterrühren und so lange rühren, bis eine gebundene Masse entstanden ist. Eiweiß unterrühren. Mehl und Backpulver mischen, sieben und mit Mandeln und Zitronenschale in 2 Portionen kurz auf mittlerer Stufe unterrühren.

2 Den Teig mit zwei Teelöffeln in Häufchen auf Backbleche (mit Backpapier belegt) setzen, dabei genügend Abstand zwischen den Teighäufchen lassen. Teighäufchen mit Puderzucker bestäuben. Die Backbleche nacheinander (bei Heißluft zusammen) in den vorgeheizten Backofen schieben.

Ober-/Unterhitze: etwa 200 °C
Heißluft: etwa 180 °C
Backzeit: etwa 12 Minuten je Backblech.

3 Die Kekse mit dem Backpapier von den Backblechen auf Kuchenroste ziehen und erkalten lassen.

Schneeflöckchen

Zubereitungszeit: 40 Minuten
Insgesamt: E: 16 g, F: 109 g, Kh: 189 g, kJ: 7617, kcal: 1821 | **Preiswert**

Für den Knetteig:
125 g Weizenmehl
50 g Speisestärke
50 g gesiebter Puderzucker
1 Prise Salz
1 Pck. Dr. Oetker Vanillin-Zucker
125 g weiche Butter
1 Eiweiß (Größe M)

1 Für den Teig Mehl mit Speisestärke mischen und in eine Rührschüssel sieben. Puderzucker, Salz, Vanillin-Zucker, Butter und Eiweiß hinzufügen und die Zutaten mit Handrührgerät mit Knethaken zunächst kurz auf niedrigster, dann auf höchster Stufe durcharbeiten.

2 Anschließend auf der bemehlten Arbeitsfläche zu einem glatten Teig verkneten und evtl. 1 Stunde kalt stellen.

3 Aus dem Teig Rollen (Ø knapp 2 cm) formen und insgesamt 40 Scheiben davon abschneiden. Teigscheiben zu Kugeln formen und auf ein Backblech (mit Backpapier belegt) legen. Mit einer Gabel flach drücken, so dass ein Muster entsteht. Die Gabel zwischendurch in Mehl tauchen. Das Backblech in den vorgeheizten Backofen schieben.

Ober-/Unterhitze: 180–200 °C
Heißluft: 160–180 °C
Backzeit: 12–15 Minuten.

4 Die Plätzchen mit dem Backpapier von dem Backblech auf einen Kuchenrost ziehen und erkalten lassen.

Weihnachtliche Porridge-Kekse

Zubereitungszeit: 65 Minuten, ohne Abkühlzeit
Insgesamt: E: 32 g, F: 100 g, Kh: 268 g, kJ: 8842, kcal: 2110 | **Preiswert**

Zum Vorbereiten:
175 ml Milch
1 EL brauner Zucker
1 Prise Salz
40 g kernige Haferflocken

Für den Rührteig:
100 g weiche Butter oder Margarine
75 g brauner Zucker
1 Ei (Größe M)
100 g Weizenmehl (Type 550)
75 g Rosinen

Für die Füllung:
2 EL Pflaumenmus

1 Zum Vorbereiten Milch mit Zucker und Salz in einem Topf zum Kochen bringen. Haferflocken hinzufügen, nochmals unter Rühren gut aufkochen und erkalten lassen.

2 Für den Teig Butter oder Margarine mit Handrührgerät mit Rührbesen auf höchster Stufe geschmeidig rühren. Nach und nach Zucker unterrühren und so lange rühren, bis eine gebundene Masse entstanden ist.

3 Ei in etwa ½ Minute unterrühren. Haferflockenmasse hinzufügen. Mehl sieben und mit den Rosinen auf niedrigster Stufe unterrühren.

4 Den Teig mit 2 Teelöffeln in Häufchen auf Backbleche (gefettet, mit Backpapier belegt) setzen, dabei genügend Abstand zwischen den Teighäufchen lassen. Jeweils eine kleine Vertiefung mit 1 Teelöffel in die Teighäufchen drücken.

5 Für die Füllung Pflaumenmus in einen kleinen Gefrierbeutel füllen und eine kleine Ecke abschneiden. Jeweils in die Vertiefungen der Teighäufchen einen Klecks spritzen. Die Backbleche nacheinander (bei Heißluft zusammen) in den vorgeheizten Backofen schieben.

Ober-/Unterhitze: etwa 180 °C
Heißluft: etwa 160 °C
Backzeit: etwa 15 Minuten je Backblech.

6 Die Kekse mit dem Backpapier von den Backblechen auf Kuchenroste ziehen. Kekse erkalten lassen.

Sonnenblumenspitzen

Zubereitungszeit: 40 Minuten
Insgesamt: E: 56 g, F: 205 g, Kh: 353 g, kJ: 14527, kcal: 3468 | **Raffiniert**

Zum Vorbereiten:
100 g Sonnenblumenkerne
70 g flüssiger Honig
40 g Zucker
1 Pck. Dr. Oetker Finesse Geriebene Zitronenschale

Für den Rührteig:
170 g weiche Butter oder Margarine
100 g Zucker
1 Ei (Größe M)
1 Eigelb (Größe M)
1 TL Dr. Oetker Finesse Orangenfrucht
200 g Weizenmehl
1 TL Dr. Oetker Backin

1 Zum Vorbereiten Sonnenblumenkerne grob hacken und in eine Rührschüssel geben. Honig, Zucker und Zitronenschale untermengen.

2 Für den Teig Butter oder Margarine mit Handrührgerät mit Rührbesen auf höchster Stufe geschmeidig rühren. Nach und nach Zucker unterrühren und so lange rühren, bis eine gebundene Masse entstanden ist. Ei und Eigelb unterrühren (Ei und Eigelb je etwa ½ Minute). Orangenfrucht hinzufügen.

3 Mehl mit Backpulver mischen, sieben und in 2 Portionen kurz auf mittlerer Stufe unterrühren. Den Teig mit zwei Teelöffeln in Häufchen auf 2 Backbleche (mit Backpapier belegt) setzen, dabei genügend Abstand zwischen den Teighäufchen lassen. Mit einem kalt abgespülten Teelöffel jeweils die Spitzen der Teighäufchen etwas eindrücken. Mit 2 Teelöffeln etwas von der vorbereiteten Sonnenblumenkernmasse in die Vertiefungen der einzelnen Teighäufchen als Spitze setzen.

4 Die Backbleche nacheinander (bei Heißluft zusammen) in den vorgeheizten Backofen schieben.

Ober-/Unterhitze: etwa 180 °C
Heißluft: etwa 160 °C
Backzeit: 12–15 Minuten je Backblech.

5 Das Gebäck mit dem Backpapier von den Backblechen auf Kuchenroste ziehen und erkalten lassen.

Adventszahlen

Zubereitungszeit: 15 Minuten, ohne Trockenzeit
Insgesamt: E: 17 g, F: 2 g, Kh: 73 g, kJ: 1652, kcal: 394 | **Schnell – preiswert**

Für den Teig:
2 Eiweiß (Größe M)
2 EL (30 g) flüssiger Honig
80 g Weizenvollkornmehl

1 Für den Teig Eiweiß mit Handrührgerät mit Rührbesen steif schlagen. Honig mit Mehl verrühren und Eischnee unterheben.

2 Den Teig in einen Spritzbeutel mit Lochtülle füllen und Zahlen auf ein Backblech (gefettet, mit Backpapier belegt) spritzen.

3 Die Zahlen bei Zimmertemperatur etwa 2 Stunden trocknen lassen, dann das Backblech in den vorgeheizten Backofen schieben und hellgelb backen.

Ober-/Unterhitze: etwa 180 °C
Heißluft: etwa 160 °C
Backzeit: 25–30 Minuten.

4 Die Zahlen mit dem Backpapier von dem Backblech auf einen Kuchenrost ziehen und erkalten lassen.

Gewürzbiskuits

Zubereitungszeit: 40 Minuten, ohne Abkühlzeit
Insgesamt: E: 24 g, F: 42 g, Kh: 194 g, kJ: 5221, kcal: 1243 | **Preiswert**

Für den Biskuitteig:
2 Eier (Größe M)
1 Eigelb (Größe M)
80 g Zucker
1 Pck. Dr. Oetker Vanillin-Zucker
50 g Weizenmehl
50 g Speisestärke
je 1 Msp. gemahlener Ingwer, Zimt, Anis

Zum Verzieren:
etwa 50 g dunkle Kuchenglasur

Zum Bestäuben:
gemahlener Zimt

1 Für den Teig Eier und Eigelb mit Handrührgerät mit Rührbesen auf höchster Stufe in 1 Minute schaumig schlagen. Zucker und Vanillin-Zucker mischen, in 1 Minute einstreuen und noch etwa 2 Minuten schlagen.

2 Mehl mit Speisestärke, Ingwer, Zimt und Anis mischen, auf die Eiercreme sieben und kurz auf niedrigster Stufe unterrühren.

3 Den Teig mit zwei Teelöffeln in Häufchen auf 3 Backbleche (mit Backpapier belegt) setzen, dabei genügend Abstand zwischen den Teighäufchen lassen. Die Backbleche nacheinander (bei Heißluft zusammen) in den vorgeheizten Backofen schieben.

Ober-/Unterhitze: etwa 180 °C
Heißluft: etwa 160 °C
Backzeit: 10–15 Minuten je Backblech.

4 Das Gebäck mit dem Backpapier von den Backblechen auf Kuchenroste ziehen und erkalten lassen.

5 Zum Verzieren Kuchenglasur nach Packungsanweisung auflösen, in einen kleinen Gefrierbeutel geben und eine kleine Ecke abschneiden. Die Glasur spiralförmig auf das Gebäck spritzen. Zimt in ein Haarsieb geben und das Gebäck damit bestäuben. Glasur fest werden lassen.

Tipp

Der Teig läuft nach dem Auftragen etwas auseinander, deshalb nur kleine Häufchen mit genügend Abstand auf die Backbleche geben.

Lebkuchen-Sterne

Zubereitungszeit: etwa 60 Minuten, ohne Abkühlzeit
Insgesamt: E: 49 g, F: 131 g, Kh: 893 g, kJ: 21077, kcal: 5035 | **Klassisch**

Für den Rühr-Knetteig:
125 g flüssiger Honig
200 g Zucker
1 Pck. Dr. Oetker Vanillin-Zucker
150 g Butter oder Margarine
4 EL Milch
3 Tropfen Bittermandel-Aroma
1 TL gemahlener Zimt
400 g Weizenmehl
2 EL Kakaopulver
100 g Speisestärke
1 Pck. Dr. Oetker Backin

Für den Guss:
200 g gesiebter Puderzucker
2–3 EL Zitronensaft
evtl. Speisefarbe

1 Für den Teig Honig mit Zucker, Vanillin-Zucker, Butter oder Margarine und Milch langsam erwärmen, bis sich Honig und Zucker aufgelöst haben. Masse in eine Rührschüssel geben und abkühlen lassen.

2 Unter die fast erkaltete Masse mit Handrührgerät mit Rührbesen auf höchster Stufe Aroma und Zimt rühren. Mehl, Kakao, Speisestärke und Backpulver mischen, sieben und zwei Drittel des Mehl-Kakao-Gemisches portionsweise auf mittlerer Stufe unterrühren. Restliches Mehl-Kakao-Gemisch auf der bemehlten Arbeitsfläche unterkneten. Sollte der Teig kleben, noch etwas Mehl hinzugeben.

3 Den Teig auf der bemehlten Arbeitsfläche etwa $^1/_2$ cm dick ausrollen, Sterne ausstechen und auf ein Backblech (mit Backpapier belegt) legen. Das Backblech in den vorgeheizten Backofen schieben.

Ober-/Unterhitze: etwa 180 °C
Heißluft: etwa 160 °C
Backzeit: 10–15 Minuten.

4 Die Sterne mit dem Backpapier vom Backblech ziehen und auf einem Kuchenrost erkalten lassen.

5 Für den Guss Puderzucker und Zitronensaft zu einer dickflüssigen, spritzfähigen Masse verrühren und nach Belieben mit Speisefarbe einfärben, in ein Pergamentpapiertütchen füllen und eine kleine Spitze abschneiden. Die Sterne mit dem Guss verzieren und trocknen lassen.

Dinkel-Gewürz-Plätzchen

Zubereitungszeit: 50 Minuten, ohne Kühl- und Trockenzeit
Insgesamt: E: 40 g, F: 226 g, Kh: 386 g, kJ: 15653, kcal: 3733 **| Vollwert**

Für den Knetteig:
100 g Speisestärke
$1/2$ TL Dr. Oetker Backin
200 g Dinkel-Vollkornmehl
1 Pck. Dr. Oetker Finesse Weihnachts-Aroma
1 Prise Salz
120 g Zucker
1 Pck. Dr. Oetker Vanillin-Zucker
1 Ei (Größe M)
220 g Butter oder Margarine

Zum Verzieren:
70 g dunkle Kuchenglasur

1 Für den Teig Speisestärke mit Backpulver mischen und in eine Rührschüssel sieben. Dinkelmehl, Aroma, Salz, Zucker, Vanillin-Zucker, Ei und Butter oder Margarine hinzufügen und die Zutaten mit Handrührgerät mit Knethaken zunächst kurz auf niedrigster, dann auf höchster Stufe gut durcharbeiten.

2 Anschließend auf der leicht bemehlten Arbeitsfläche zu einem glatten Teig verkneten. Aus dem Teig zwei dreieckige Stangen (5 x 5 x 5 cm, Länge etwa 22 cm) formen. Die Stangen in Frischhaltefolie gewickelt im Gefrierfach mindestens 30 Minuten anfrieren lassen.

3 Die Teigstangen mit einem Sägemesser in etwa 4 mm dicke Scheiben schneiden. Dabei die Stangen immer wieder drehen, damit die Scheiben gleichmäßig abgeschnitten werden.

4 Die Teigscheiben auf Backbleche (mit Backpapier belegt) legen. Die Backbleche nacheinander (bei Heißluft zusammen) in den vorgeheizten Backofen schieben.

Ober-/Unterhitze: etwa 200 °C
Heißluft: etwa 180 °C
Backzeit: 10–15 Minuten je Backblech.

5 Die Backbleche auf Kuchenroste stellen und die Plätzchen etwa 5 Minuten auf den Backblechen abkühlen lassen. Dann die Plätzchen mit dem Backpapier von den Backblechen auf Kuchenroste ziehen. Plätzchen erkalten lassen.

6 Zum Verzieren Kuchenglasur nach Packungsanleitung schmelzen, in einen kleinen Gefrierbeutel geben und eine kleine Ecke abschneiden. Auf jedes Plätzchen ein großes „D“ spritzen. Glasur trocknen lassen.

Zitronenbaguettes

Zubereitungszeit: 90 Minuten, ohne Teiggehzeit
Insgesamt: E: 59 g, F: 185 g, Kh: 433 g, kJ: 15723, kcal: 3756 | **Für Kinder**

Für den Hefeteig:
350 g Weizenmehl
1 Pck. (42 g) frische Hefe
100 ml lauwarme Milch
70 g Zucker
1/2 TL Salz
1/2 Fläschchen Zitronen-Aroma
1 Ei (Größe M)
200 g zerlassene, abgekühlte Butter oder Margarine

Zum Bestreichen:
1 Eigelb
2 EL Milch

Für den Guss:
100 g gesiebter Puderzucker
1–2 EL Zitronensaft

1 Für den Teig Mehl in eine Rührschüssel sieben. In die Mitte eine Vertiefung drücken, Hefe hineinbröckeln und etwas von der Milch und von dem Zucker hinzufügen. Mit einer Gabel vorsichtig mit etwas Mehl verrühren und etwa 10 Minuten stehen lassen.

2 Salz, Aroma, Ei, Butter oder Margarine und restliche Milch und Zucker hinzufügen. Die Zutaten mit Handrührgerät mit Knethaken zunächst auf niedrigster, dann auf höchster Stufe in etwa 5 Minuten zu einem Teig verarbeiten. Den Teig zugedeckt so lange an einem warmen Ort gehen lassen, bis er sich sichtbar vergrößert hat.

3 Den Teig aus der Schüssel nehmen und auf der bemehlten Arbeitsfläche nochmals kurz durchkneten. Aus dem Teig 4 Rollen (je 30 cm Länge) formen und jede Teigrolle in 20 Scheiben schneiden.

4 Teigscheiben zu kleinen Baguettes formen, diese auf Backbleche (gefettet, mit Backpapier belegt) legen und die Teigoberfläche mit einem scharfen Messer mehrfach einritzen. Die Teigbaguettes zugedeckt nochmals 15 Minuten an einem warmen Ort gehen lassen.

5 Zum Bestreichen Eigelb und Milch verschlagen. Die Teigbaguettes damit bestreichen und die Backbleche nacheinander (bei Heißluft zusammen) in den vorgeheizten Backofen schieben.

Ober-/Unterhitze: etwa 180 °C
Heißluft: etwa 160 °C
Backzeit: 10–15 Minuten je Backblech.

6 Die Baguettes mit dem Backpapier vom Backblech auf Kuchenroste ziehen und erkalten lassen.

7 Für den Guss Puderzucker mit Zitronensaft zu einer dickflüssigen Masse verrühren. Die Baguettes damit bestreichen und den Guss fest werden lassen.

Tipp

Die Zitronenbaguettes lassen sich ohne Guss einfrieren.

Vanille-Quark-Nocken

Zubereitungszeit: 40 Minuten
Insgesamt: E: 23 g, F: 114 g, Kh: 193 g, kJ: 7842, kcal: 1871 | **Für Kinder**

Für den Rührteig:
120 g weiches Butterschmalz oder Margarine
70 g brauner Zucker (Kandisfarin)
100 g Speisequark (20 % Fett)
100 g Weizenmehl
1 Pck. Dr. Oetker Pudding-Pulver Vanille-Geschmack

Zum Bestreuen:
Hagelzucker

1. Für den Teig Butterschmalz oder Margarine mit Handrührgerät mit Rührbesen auf höchster Stufe geschmeidig rühren. Zucker unterrühren und so lange rühren, bis eine gebundene Masse entstanden ist. Quark unterrühren. Mehl mit Pudding-Pulver mischen, sieben und auf mittlerer Stufe unter die Quarkmasse rühren.
2. Den Teig mit zwei Teelöffeln in Häufchen auf Backbleche (mit Backpapier belegt) setzen, dabei genügend Abstand zwischen den Teighäufchen lassen. Die Teighäufchen mit einem feuchten Teelöffel etwas flach drücken (dafür den Löffel immer wieder in kaltes Wasser tauchen) und mit Hagelzucker bestreuen.
3. Die Backbleche nacheinander (bei Heißluft zusammen) in den vorgeheizten Backofen schieben.

   Ober-/Unterhitze: etwa 200 °C
   Heißluft: etwa 180 °C
   Backzeit: 10–15 Minuten je Backblech.
4. Das Gebäck mit dem Backpapier von den Backblechen auf Kuchenroste ziehen und erkalten lassen.

Tipp

Sie können den Teig auch mit zwei Teelöffeln zu kleinen Nocken formen, die Nocken in einen Teller mit Hagelzucker oder Kandisfarin (brauner Zucker) geben, darin wälzen und auf Backbleche setzen.

Rumbrötchen

Zubereitungszeit: 50 Minuten, ohne Abkühl- und Teiggehzeit
Insgesamt: E: 38 g, F: 148 g, Kh: 424 g, kJ: 14351, kcal: 3427 | **Für Gäste**

Zum Vorbereiten:
100 g Rosinen
70 ml brauner Rum (40 Vol.-%)

Für den Hefeteig:
250 g Weizenmehl
1 Pck. Dr. Oetker Trockenbackhefe
2 EL flüssiger Honig (30 g)
40 g Zucker
1 TL Dr. Oetker Finesse Geriebene Zitronenschale
1 TL Dr. Oetker Finesse Orangenfrucht
170 g zerlassene abgekühlte Butter oder Margarine
100 ml lauwarme Milch

Für den Guss:
100 g gesiebter Puderzucker
2–3 EL brauner Rum (40 Vol.-%)

1 Zum Vorbereiten Rosinen mit Rum in einem Topf mischen und zugedeckt etwa 10 Minuten bei schwacher Hitze erwärmen. Rumrosinen erkalten lassen.

2 Für den Teig Mehl in eine Rührschüssel sieben und mit der Hefe sorgfältig vermischen. Honig, Zucker, Zitronenschale, Orangenfrucht, Butter oder Margarine und Milch hinzufügen.

3 Die Zutaten mit Handrührgerät mit Knethaken zunächst kurz auf niedrigster, dann auf höchster Stufe in etwa 5 Minuten zu einem Teig verarbeiten. Den Teig zugedeckt so lange an einem warmen Ort gehen lassen, bis er sich sichtbar vergrößert hat.

4 Den Teig leicht mit Mehl bestäuben, aus der Schüssel nehmen und auf der bemehlten Arbeitsfläche nochmals kurz durchkneten. Rumrosinen unterarbeiten.

5 Den Teig mit zwei Teelöffeln in Häufchen auf Backbleche (mit Backpapier belegt) setzen, dabei genügend Abstand zwischen den Teighäufchen lassen. Teelöffel evtl. zwischendurch in Mehl wenden. Die Backbleche mit den Teighäufchen nochmals so lange an einem warmen Ort gehen lassen, bis sie sich sichtbar vergrößert haben. (Vorstehende Rosinen in den Teig drücken, damit sie beim Backen nicht zu dunkel werden!)

6 Die Backbleche nacheinander (bei Heißluft zusammen) in den vorgeheizten Backofen schieben.

Ober-/Unterhitze: etwa 180 °C
Heißluft: etwa 160 °C
Backzeit: 15–20 Minuten je Backblech.

7 Die Rumbrötchen mit dem Backpapier von den Backblechen auf Kuchenroste ziehen und erkalten lassen.

8 Für den Guss Puderzucker mit Rum zu einer dickflüssigen Masse verrühren, mit einem Pinsel auf die Brötchen streichen und trocknen lassen.

Karottenlebkuchen

Zubereitungszeit: 100 Minuten, ohne Ruhezeit
Insgesamt: E: 98 g, F: 192 g, Kh: 306 g, kJ: 14629, kcal: 3494 | **Dauert länger**

Für den Teig:
5 Eier (Größe M)
50 g Zucker
4 g Hirschhornsalz
250 g gemahlene Haselnusskerne
50 g fein gewürfeltes Zitronat (Sukkade)
50 g fein gewürfeltes Orangeat
1 Pck. Lebkuchengewürz
125 g fein geraspelte Karotten (Möhren)
200 g Weizenmehl (evtl. zur Hälfte Vollkornmehl)

Außerdem:
Oblaten (Ø 8 cm)

Zum Bestreichen:
Schokoladen- und Nussglasur

1 Für den Teig Eier, Zucker und Hirschhornsalz mit Handrührgerät mit Rührbesen auf höchster Stufe schaumig rühren. Haselnüsse, Zitronat, Orangeat, Gewürz, Karotten und gesiebtes Mehl hinzufügen und auf niedrigster Stufe unterrühren. Den Teig zugedeckt über Nacht kalt stellen.

2 Auf je eine Oblate einen gehäuften Esslöffel Teig geben, mit einem in Wasser getauchten Messer kuppelförmig verstreichen und auf ein Backblech (mit Backpapier belegt) legen. Das Backblech in den vorgeheizten Backofen schieben.
Ober-/Unterhitze: etwa 200 °C
Heißluft: etwa 180 °C
Backzeit: etwa 20 Minuten.

3 Die Lebkuchen vom Backblech nehmen und auf einem Kuchenrost erkalten lassen.

4 Schokoladen- und Nussglasur nach Packungsanleitung auflösen und die Lebkuchen zur Hälfte damit bestreichen.

Knusperplatten

Zubereitungszeit: 40 Minuten, ohne Abkühlzeit
Insgesamt: E: 27 g, F: 53 g, Kh: 263 g, kJ: 6897, kcal: 1644 | **Für Kinder**

Zum Vorbereiten:
7 EL Milch
70 g Vollkorn-Dinkelflocken
30 g Butter
100 g Zucker
100 g Sauerkirschkonfitüre

20 g Zucker
50 g Kürbiskerne
3 EL (30 g) gesiebtes Weizenmehl

50 g weiße Schokolade

1 Zum Vorbereiten Milch, Dinkelflocken, Butter, Zucker und Konfitüre unter Rühren zum Kochen bringen. Zugedeckt bei mittlerer Hitze etwa 10 Minuten kochen, dabei gelegentlich umrühren. Masse erkalten lassen.

2 Zucker mit Kürbiskernen und Mehl mischen, zur Konfitürenmasse geben und unterheben. Den Teig mit zwei Teelöffeln in Häufchen auf Backbleche (mit Backpapier belegt) setzen, dabei genügend Abstand zwischen den Häufchen lassen. Die Backbleche nacheinander (bei Heißluft zusammen) in den vorgeheizten Backofen schieben.

Ober-/Unterhitze: etwa 180 °C
Heißluft: etwa 160 °C
Backzeit: 10–15 Minuten je Backblech.

3 Schokolade fein hacken. Das Gebäck mit dem Backpapier von den Backblechen auf Kuchenroste ziehen, sofort mit der Schokolade bestreuen und erkalten lassen.

Für Fragen, Vorschläge oder Anregungen steht Ihnen der Verbraucherservice der Dr. Oetker Versuchsküche Telefon: 00800 71 72 73 74
Mo.–Fr. 8:00–18:00 Uhr, Sa. 9:00–15:00 Uhr (gebührenfrei in Deutschland) zur Verfügung oder schreiben Sie uns:
Dr. Oetker Verlag KG, Am Bach 11, 33602 Bielefeld oder besuchen Sie uns im Internet unter www.oetker-verlag.de

Umwelthinweis Dieses Buch und der Einband wurden auf chlorfrei gebleichtem Papier gedruckt. Die Einschrumpffolie – zum Schutz vor Verschmutzung – ist aus umweltfreundlichem und recyclingfähigem PE-Material.

Redaktion Jasmin Gromzik, Miriam Krampitz

Innenfotos Fotostudio Büttner, Bielefeld (S. 102)
Walter Cimbal, Hamburg (S. 33, 99, 147, 171)
Thomas Diercks, Hamburg (S. 9–15, 17, 19–25, 27, 28, 30, 31, 34–37, 41–47, 49, 51, 53, 54, 56, 59, 61, 62, 64, 70, 72, 73, 74, 75, 81, 83, 93, 94, 97, 100, 103, 105, 107, 108, 109, 110, 112, 113, 114, 115, 116, 120, 123, 126, 127, 128, 129, 134, 136, 137, 142, 143, 144, 148, 149, 152, 153, 155, 156, 157, 161, 162, 163, 167, 168, 172, 173, 175, 176, 177, 179–185, 188, 189, 190, 192, 193, 195–201, 203)
Ulrich Kopp, Sindelfingen (S. 16, 18, 29, 38, 50, 58, 60, 82, 84, 85, 87, 89, 90, 95, 106, 111, 118, 125, 131, 132, 135, 139, 140, 141, 145, 150, 151, 158, 159, 174, 202)
Bernd Lippert (S. 55, 57, 66, 119, 133, 164)
Norbert Toelle, Bielefeld (S. 76, 80, 191, 194)
Brigitte Wegner, Bielefeld (S. 63, 65, 67, 68, 69, 77, 78, 79, 101, 117, 121, 122, 124, 130, 154, 165, 166, 169, 186, 187)

Titelgestaltung kontur:design GmbH, Bielefeld
Grafisches Konzept kontur:design GmbH, Bielefeld
Gestaltung M·D·H Haselhorst, Bielefeld
Satz M·D·H Haselhorst, Bielefeld

Druck und Bindung Mohn media Mohndruck GmbH, Gütersloh

ISBN: 978-3-7670-0517-4